Gabriela Ciucurovschi

LOS ADULTOS
Y EL NIÑO INTERIOR

Cómo entenderte
y librarte del sufrimiento

*Los adultos y el niño interior: Cómo entenderte
y librarte del sufrimiento* /Gabriela Ciucurovschi;
traductora: Andreea Bouaru;
redactora: Pilar Hernández Quilis
Letras Editorial, 2022
ISBN 978-606-071-844-4
ISBN eBook ePUB 978-606-071-845-1

Autora: Gabriela Ciucurovschi
Traductora: Andreea Bouaru
Redactora: Pilar Hernández Quilis
Ilustración de la portada: Elena Medvedeva / Dreamstime.com

A mi marido, a cuyo lado

he encontrado a mi niño interior

ÍNDICE

Prólogo

Jamás me hubiera imaginado que llegaría a ser quien soy. Que me enfrentaría a mis debilidades. Que me iba a librar de las abrumadoras cargas emocionales que me ponían pegas y no me dejaban ser yo misma, entera, completa. Que también era posible mirar hacia arriba y no limitarnos al horizonte. Que iba a gozar de esa harmonía tan anhelada. Afortunadamente ahora sé quién soy, más que una persona que piensa y conoce. Y sé que uno puede llegar a ser más de lo que se imagina. Vivencias de la infancia se repetían y bloqueaban mis reacciones. ¡Tanto tiempo había pensado que ellas me definían! Lo que me ha salvado ha sido esa creencia que en mí existía algo especial, realmente bello, que me empujó a indagar y a descubrir aquello que había más allá de todas las capas que, creía yo, formaban mi ser.

Cada libro que he escrito representa, ante todo, un viaje interior, una ruta recorrida desde adentro hacia afuera y al revés, en el insospechado mundo de mi ser. Un vaivén de preguntas y respuestas, observaciones y revelaciones, vivencias y emociones que concluyeron en la alegría de vivir.

La vida y su alegría, ese regalo que recibimos al nacer, debería llenarnos las almas cada instante, pero no ocurre así. ¿Quién o qué nos pone trabas y nos amarra a un sufrimiento mudo?

Desde lo más profundo de nuestro ser, el niño que llevamos dentro proclama su derecho a expresarse libremente y de ser feliz.

Indistintamente de su edad, las personas pueden quedar atrapadas en la edad emocional del niño de antaño. El alma del niño puede estancarse en distintos niveles, según el alimento emocional que recibió de parte de aquellos que tenían que vigilar su crecimiento y, más tarde, según él mismo se alimentó. Bien oculta detrás de esa máscara de adulto, el alma del niño puede estar contenta y llena de vida o, al contrario, triste y desilusionada.

¿Pero *quién* es ese niño interior y cómo podemos llegar a él? *¿Por qué es* tan importante conocerlo? ¿Y *qué exactamente* deberíamos descubrir en él? *¿Qué recursos* yacen allí encubiertos?

Una mera evocación del pasado no puede revelar mucho. Nos acordamos de los padres, de los hermanos, de la atmósfera hogareña, de los amigos con quienes jugábamos, de la escuela, de la institutriz… Casi lo tenemos todo delante de la vista. La imagen del niño de antaño parece tan alejada, que apenas logramos creer que su historia pueda tener una fuerza remarcable en el presente.

Descubrir al niño interior significa también conocerse a sí mismo, ese poderoso conocimiento que, según dicen, influye en nuestras vidas y nos pone el mundo a los pies. ¿Pero cómo ocurre esto? ¿Cómo transformarnos de las personas colmadas de quehaceres diarios en conquistadores de la vida y del mundo? ¿Es posible cambiar de un día para otro? ¿Y qué nos puede enderezar hacia el cambio?

Conocerse a sí mismo es todo un proceso mediante el cual la verdad se desvela paso a paso y los momentos de iluminación nos hacen temblar en lo más profundo del ser. Un proceso simultáneo de revelación del ser y de desarrollo de las propias aptitudes. Nos descubrimos y nos creamos al mismo tiempo.

El conocimiento y la aceptación del niño interior, la modificación de sus creencias profundas –la mayoría de las veces anidan en el inconsciente del adulto–, acompañadas por acciones concretas, llevan finalmente a la transformación interior, hacia otro nivel de entendimiento, un cambio paulatino que comienza en el interior y se observa en el exterior.

La presión que colma al niño interior disminuye y en la vida del adulto se instala un poder inesperado, una fuerza liberadora que encauza hacia su propia evolución, y que ni siquiera se sospechaba que existía.

Independientemente del estado de la humanidad en general, cada individuo vive la experiencia de su propio conocimiento de una manera única e irrepetible. Volvemos a descubrir el mundo y la vida, incesablemente, a través de los ojos de cada ser humano. Por mucho que sepan los de nuestro alrededor o lo innumerables que sean las informaciones que recibimos, solo nos las podemos apropiar cuando logramos adquirir la soltura necesaria y el nivel oportuno de entendimiento.

Te deseo mucha inspiración en la ruta de tu propio redescubrimiento y espero que este libro te sea un verdadero apoyo para los cambios que quieras en tu vida.

Gabriela Ciucurovschi

Otopeni, Junio 2016

1. QUIÉN ES EL NIÑO INTERIOR

Cada persona lleva dentro una niña o un niño que siente, piensa o actúa, habla y responde de modo similar a la versión que ha interiorizado de una figura relevante de su infancia. ¨

Eric Berne

La vida real es la que ocurre en el interior. Reflexiones y emociones, vividas por completo o que se entremezclan. Ellas son la esencia de la vida y no se dejan influir por el medio circundante, sea él opulento o austero. Lo que vivimos en el interior es infinitamente más rico que lo que hay fuera. Aunque en el exterior ocurren cosas pequeñas e incluso parece que nada ocurre, en el interior hay, con toda certeza, emociones fuertes y a veces verdaderos dramas a nivel emocional. Desde el cerebro hasta el corazón, y al revés, el alma viaja continuamente. En las cumbres de la esperanza o de la desolación, el alma recorre kilómetros de pensamientos, cargada de innumerables vivencias.

El paraíso y el infierno son una reflexión de la vida interior. Un alma en paz nos brinda el paraíso a los pies, mientras que el caos mental y emocional nos traslada directamente al oscuro infierno de las tormentas, de los deseos y de las necesidades sin cumplir.

Aunque no es visible, la vida interior domina a la vida exterior, que es nada más que un espejo de la primera. Los verdaderos recursos –la riqueza por descontado– los llevamos dentro y recurrimos a ellos de manera inconsciente. Sin embargo, al hacerlo de manera consciente, la posibilidad de acceder a dichos recursos interiores se entreabre, como si nuestra atención fuera capaz de potenciarlos.

Sin embargo, no son pocas las veces en las que las personas intentan esquivar y no entrar en contacto con aquello que anida en su ser, porque descubrir la propia fuerza puede ser espantoso.

Es más fácil dominar y ablandar a otra persona que a él mismo. Es más fácil dejar tu vida en manos del doctor, del esposo, del amigo o del jefe, en vez de asumir tu propia vida. Concienciarte de que tu vida depende solo de ti puede conferirte un gran poder, pero también un gran miedo. Solucionar ese miedo significa salir de la zona de confort, actuar y asumir el cambio. Significa abandonar la languidez, especialmente esa flojera mental, y actuar con convicción.

*

Todas las etapas de nuestro desarrollo, el paso mismo de una etapa a otra ocurre antes de nada en nuestro interior. Antes de llegar a ser visible fuera, algo deber haber ocurrido en el interior, a nivel de nuestra psique.

En cada adulto hay un alma de niño, que lo va a acompañar durante toda su vida y que constituirá una parte importante de su ser.

¿Por qué precisamente un alma de niño y no de púber o de adolescente? Porque todas las demás etapas se basan en la infancia y se construyen en función de ella. Por lo tanto, poseemos un germen de una riqueza inigualable – el niño interior. De él puede brotar un maravilloso árbol. Si lo regamos cada día y dejamos que la luz lo ilumine, crecerá y alzará sus brazos cada vez más. Si lo apoyamos cuando el tiempo resulte desfavorable, crecerá recto e imponente. Pero si no lo hacemos, probablemente jamás llegará a conocer esa grandeza inminente y vivirá sin dar frutos, sin vislumbrar la belleza que podría brotar de él.

Conocer al niño interior y sus necesidades, entenderlas y solucionarlas nos puede abrir la puerta hacia la realización de nuestro ser, hacia el paraíso perdido del alma, hacia la alegría de vivir.

Más allá de nuestras creencias y de los papeles que representamos en la sociedad, de aquello que aprendimos a lo largo de la vida y creemos que nos define o que debería definirnos, reside una fuerza que nos personifica mucho más que cualquier educación, una fuerza que, al descubrirse, puede ampliar todas nuestras posibilidades de desarrollo. Una fuerza que, una vez revelada, es capaz de encaminar al ser humano hacia el máximo nivel de evolución y desarrollo.

Esta fuerza le pertenece al niño interior y tiene que ver con la naturaleza divina de cada uno, con aquello que llevamos dentro al nacer, con los recursos y el potencial que traemos al venir al mundo.

Todo ello no está a la vista del observador. Es deber de cada uno descubrir su riqueza interior, los recursos físicos y psíquicos, energéticos y emocionales, afectivos y cognitivos, que se encuentran en estado latente. Ni siquiera sospechamos qué riqueza inestimable hay dentro de cada uno de nosotros y cuánto nos transformaríamos, a nosotros mismos y a nuestras vidas, si lográramos descubrirla y asumirla como propia.

Los recursos están ahí, aunque posiblemente no los vislumbremos. Pocos son aquellos que los entrevén, porque a medida que maduramos estamos acostumbrados a mirar más bien hacia el exterior y tomar el mundo externo como sistema de referencia. Con el tiempo nos alejamos cada vez más de nuestra voz interior, de lo que sentimos que somos, y nos recreamos según el sistema exterior, ese sistema de pensar que está arraigado y comúnmente aceptado.

Esto nos aleja de nuestra esencia y nos despista, y ese conflicto interior, que se da entre lo que somos y lo que creemos que deberíamos ser, crece continuamente. Empezamos a hacer cosas que creemos que estaría bien hacerlas, porque así lo hemos aprendido, pero que suponen un conflicto con nuestra propia naturaleza.

A esta fuerza del niño interior se le opone otra fuerza, igualmente poderosa, que viene de *las necesidades sin cumplir del niño de antaño*, necesidades que *nos atrapan emocionalmente en la propia infancia*. Todas las necesidades de la infancia que quedaron sin satisfacer, indistintamente si las percibimos consciente o inconscientemente, nos aíslan en la edad psicológica de ese niño herido del pasado.

El potencial con que nacemos se refiere a un estado de ser y una actitud para con el mundo y la vida, que el niño tiene y manifiesta en la infancia, antes de dejarse impregnar por las convenciones sociales.

Al ver un perro en la calle, el niño siente el impulso de acercársele, jugar con él, acariciarlo y gozar de su compañía. No pensará: "no lo voy a tocar porque puede tener pulgas" o "no lo voy a tocar porque me ensuciaré y luego tendré que lavarme las manos" o "no es mi perro, puede ser peligroso".

Del mismo modo, si se encuentra con otro niño, digamos que ambos no tienen más de un año, van a disfrutar el momento, van a agitarse y gritar para llamarse mutuamente la atención y vivir la efervescencia del instante. Ninguno de los dos va a pensar sobre el otro "es judío o gitano, o es el niño de esa gente con quienes mis padres no simpatizan, o ha gritado más fuerte que yo, significa que es un insolente y no debería jugar con él".

Todos estos pensamientos y deducciones aparecen junto a los preceptos directos e indirectos que uno recibe en el ambiente en que crece, la mayoría por parte de los padres o de los que cuidan al niño. Naturalmente sin conocer dichos preceptos el niño puede simplemente disfrutar del momento en los casos arriba mencionados.

En lo que concierne a la actitud con el perro uno podría pensar: "¿Y si lo muerde? Mejor que tenga miedo y que no le pase nada en vez de que corra peligro". Ciertos aprendizajes tienen su sentido en la dinámica de la vida, pero seguramente no es correcto vivir bajo el imperio de las inquietudes y del perpetuo miedo. Si una vez nos asustó un perro no significa que todos sean peligrosos y que no podamos dar con otros realmente cariñosos.

Los niños pequeños, libres aún de cualquier razonamiento social, no juzgan, no critican y tampoco ponen etiquetas. Ellos solo disfrutan plenamente del momento. Una vez satisfechas las necesidades primarias, viven el instante sin miedos, preocupaciones, sin pasado o futuro. Exactamente en esta vivencia, en esta plenitud se esconde el potencial humano.

Arrastramos a cada paso a *los fantasmas* del pasado sin ni siquiera darnos cuenta. Aflicciones y necesidades sin cumplir en la infancia, todas ellas están amontonadas y enterradas en lo más profundo de nuestro ser, en el niño que llevamos dentro.

El pasado, aunque no lo podamos ver, vive en nosotros y manipula el presente. Cubrimos los dolores y los sufrimientos con capas de olvido porque el recuerdo nos puede sacudir el entero ser.

Elegimos más o menos inconscientemente hacer la vista gorda y nos agarramos a la imagen de la persona que quisiéramos ser. Sin embargo, por más que deseáramos olvidar, hay una fuerte conexión entre los sufrimientos del niño interior y las vivencias del adulto actual.

Las heridas *del alma* no pueden ser superadas sin antes ser entendidas, aceptadas o sin cambiar el ángulo desde el que las vemos. Aun si intentamos hacer la vista gorda, ellas persistirán, y cuanto más grandes sean, tanto más afectarán a las vivencias del adulto.

Las experiencias y vivencias de la infancia nos condicionan la vida entera, influyen en nuestras elecciones y nos pueden determinar el elegir cierto camino. De una multitud de rutas posibles, elegimos especialmente la que ya usamos.

Las simples afirmaciones con las que uno se dirige al niño, del tipo *"¿qué va a decir la gente?"*, le hacen sentir que los otros valen más que él y que, en esencia, él no importa. De aquí puede venir la actitud del adulto preocupado más por el bien de los demás que por su propio bienestar. Las típicas reacciones del adulto *"¡No me molestes que estoy ocupado!", "¡No llores, sé un hombre!", "¡Así está bien, como yo lo digo!", "¡El dinero no trae la felicidad!", "Hay que..."* pueden encauzar al ser humano hacia la ruta de la desconfianza, minusvaloración, desconsideración, de la incapacidad de autoexpresión y del propio sabotaje.

Todos estos programas y creencias pueden yacer en un oculto nivel de la conciencia o incluso en el inconsciente. En el exterior se disfrazan de escusas y de la invocación de condiciones desfavorables. Siempre vamos a encontrar un responsable a mano al que podamos echar la culpa de nuestra incapacidad de desarrollarnos completamente.

Aquellas vivencias de la infancia marcadas por violencias verbales o no verbales, y especialmente físicas, por conductas hostiles y otros apremios, sacuden la esencia del niño y le dejan el alma cargada de heridas pendientes. Cuanto más profundas sean las heridas, tanto más afectarán y desgastarán el interior del adulto, reivindicando su derecho natural de ser resueltas.

Las heridas sin cicatrizar serán el talón de Aquiles, se disfrazarán en las vulnerabilidades del adulto, las sensibilidades excesivas, las reacciones inadecuadas – en la mayoría de las ocasiones siguiendo el molde del alma del niño.

El niño interior es encarnado por los recursos que están a mano del ser humano, pero también de las heridas que este lleva consigo y de las necesidades sin satisfacer del niño de antaño. Su voz se abre camino en las acciones y conductas del adulto. Su voz existe, aunque no se deje oír y requiera su liberación del encarcelamiento psicológico, de los miedos invisibles, ignorados, que dictan las reacciones del adulto de hoy.

Conclusiones al final del capítulo

El niño interior:

- lleva consigo los recursos físicos y psíquicos, energéticos y emocionales, afectivos y cognitivos, con los que el ser humano llegó al mundo y que se encuentran en estado latente.
- carga las heridas del alma y las necesidades sin cumplir, transferidas al adulto de hoy.
- representa ese lugar en el alma del adulto donde yacen tanto los posibles recursos como las heridas que impiden su evolución.
- es un estado al que constantemente recurrimos en nuestras interacciones con el exterior.

2. QUÉ NOS IMPIDE CRECER

La naturaleza humana –como también las demás naturalezas existentes en el universo– tiende naturalmente hacia la evolución. Tiende a crecer y cumplir su potencial. A alcanzar el límite superior del ser. A madurar emocional, psicológica y socialmente. A ser independiente, dueña y creadora de la propia vida. A cumplir con su propensión hacia valores como el bien, la verdad y la belleza. A expresar su individualidad de una manera única y creativa. A expresarse a sí misma más allá de todos los rigores y las conveniencias sociales.

La evolución se manifiesta en el plan individual, sobre todo a través de aquello que vivimos interiormente, de la calidad de los pensamientos y sentimientos. Marcada por nuestras experiencias, la vida corre como un río tumultuoso, al que le apremia la prisa de llegar a determinado lugar. ¿Pero adónde? ¿Hay un único destino, común para todo el mundo? En mi caso el destino ha sido la armonía. Toda la vida he anhelado ese estado de armonía, conmigo misma y con el mundo. Pienso que la meta final puede variar, pero indistintamente de su forma, debe ser un nivel superior que nos representa ahora. En nuestro desarrollo tendemos hacia una versión mejor del propio ser. Y dicho crecimiento tiene un núcleo común para toda la gente.

El crecimiento personal se expresa a través de la paz interior, de la autoconfianza y del amor a uno mismo. A través de la alegría de vivir el presente y de las reacciones adecuadas para cada momento. A través de la autonomía y la expresión auténtica del sí. El ser humano puede llegar a tener posiciones importantes en la sociedad y, sin embargo, muy adentro, dejarse llevar por ese niño de antaño, impotente o asustado, inseguro o confuso. Una confesión de un personaje de la película *Birdman*, con la que también nos confrontamos a menudo en la vida real, nos revela justamente este aspecto: *"¿Por qué me falto al respeto? (...) Siempre he soñado con actuar en Broadway, desde niña, y ahora heme aquí. YO no soy una actriz de Broadway... Soy nada más que esa niña asustada. Y sigo esperando que venga alguien que me diga que lo he logrado."*

Por lo tanto, al hablar de crecimiento no me refiero a los papeles o las posiciones que tenemos en la sociedad. Si hay gente que logra ocupar posiciones importantes en la jerarquía social y goza de éxito significa que posee aptitudes y habilidades que usa y pone en marcha. Es su mérito y no debe ser ignorado, pero estos logros son testimonios de la imagen percibida por el público. No obstante, mucho más importante es la imagen que uno percibe de sí mismo y cómo se siente consigo mismo. ¿Qué le dice la voz interior cada noche cuando el momento de gloria ya ha pasado?

Necesidades sin satisfacer y heridas sin curar en el alma del niño

En el proceso de adaptación a la vida social pagamos a menudo un precio muy costoso en relación con nuestro Sí. Disimulamos y dejamos atrás, hasta la misma intervención del olvido, partes importantes de nuestro ser. Necesidades profundas quedan sin satisfacer y nos corroen por dentro.

Como un volcán en estado latente, la necesidad encubierta ejerce una presión cada vez mayor en su recorrido hacia la expresión y la satisfacción. Tarde o temprano llega a la superficie y empieza a manifestarse de distintas maneras, descontroladamente. Su grito que invoca atención y su llamada a la acción es nada más que una cuestión de tiempo. Y cuanto más la descuiden, más aumentará su fuerza, porque todo ese tiempo de insatisfacción actúa como una presión y la fuerza de reacción se vuelve incontenible. Tomemos por ejemplo a una persona con el don de dibujar en la adolescencia y que se sintió muy atraída por manifestar su aptitud. Es posible que, a pesar de su inclinación, por razones de seguridad financiera elija otro recorrido, digamos una carrera en la abogacía. Con el transcurso del tiempo si la profesión elegida llega a ajustársele cada vez menos, puede ponerse más y más nerviosa e irascible o incluso perder el control en situaciones inoportunas o imprevistas. Hay una expresión acompañada usualmente por asombro: *"Cualquier nadería le hace perder los estribos."* Al hacer elecciones contrarias a aquello que uno siente, cuanto más tiempo pase, más se ensanchará el abismo interior.

Claro que no toda la gente tiene el mismo potencial. Hay personas con más o menos ventajas, con mayores o menores necesidades sin satisfacer. Pero cada uno de nosotros tiene algo por descubrir y valorar en ese potencial básico. Las personas con un potencial desarrollado pero que no llegan a cumplirlo se convierten en sus propios fantasmas, sombras pálidas de aquello que hubiesen podido ser.

Muy a menudo encubrimos nuestros sentimientos en explicaciones racionales. La comprensión profunda y viva la abandonamos en el olvido. En detrimento de aquello que realmente somos, nos guiamos por la fuerza de una razón fundamentada en creencias y reglas que deberían apoyar una manera de ser propicia para la sociedad. Imponemos a la razón que lleve una máscara y las desemejanzas entre esta careta y su portador no dejan de incrementar hasta desencadenar un conflicto interior imposible de disimular. Y aun llevando esta máscara, el cuerpo nos traiciona mediante gestos, timbres y acciones que salen a la superficie y que, a primera vista, no sabemos cómo interpretar.

Uno podría afirmar que sin reglas y disciplina la vida social sería un caos. Estoy de acuerdo. Las reglas son útiles para convivir en comunidad. Pero no aquellas que asolan el alma y suprimen la individualidad. La necesidad de vivir en grupo, con vistas a obtener beneficios relacionados con la supervivencia, se ha convertido cada vez más en la aniquilación de lo más bello que hay sobre la faz de la tierra: *la capacidad creadora del ser humano*. Es muy fácil que el ser humano se pierda a sí mismo para convertirse en la herramienta de un engranaje bien calculado.

Desde la temprana infancia descubrimos que "*debemos*" conformarnos con unas reglas que muchas veces tienen poca relevancia y no hacen más que impedir al individuo manifestarse. Casi sin darnos cuenta llegamos a desplazarnos como una masa amorfa, hacia una única dirección, y ya estamos preparados para linchar a aquel que quiera desprenderse del grupo y llevar su propio camino.

La enajenación que el ser humano siente hoy día en la sociedad moderna, el alejamiento de su propia esencia pide una inmediata reposición de nuestra historia. No creo que tengamos mucho tiempo a disposición para transiciones de un sistema a otro. Las necesidades soterradas del alma colectiva nos alcanzan con una fuerza terrible, asoladora y están decididas a reivindicar su derecho.

Vivimos en comunidad, pero estamos cada vez más aislados. Alguien dijo una vez que ya no puedes encontrar la mirada de un ser humano en el autobús. Hormigueamos en la muchedumbre, hay cada vez más posibilidades de distracción y, sin embargo, estamos solos.

Las necesidades sin cumplir, cubiertas por capas de conformismo social, crean frustraciones, insatisfacciones y a veces dejan un hueco interior que hay que rellenar.

Estas necesidades pueden ser descubiertas ya sea a un nivel consciente o bien ser disimuladas en la historia lejana del ser. Pueden tomar las más diversas formas, desde la necesidad de sentirnos seguros en el medio habitual hasta la necesidad de que nuestra existencia sea vista y reconocida. Porque muchas acciones se ven impulsadas justamente por esta necesidad de ser vistos exactamente como somos y no como los demás creen que somos. Desde la necesidad de expresar lo que realmente sentimos y pensamos, hasta la necesidad de movernos en el propio ritmo y no en uno impuesto.

Hay un universo entero en cada uno de nosotros que anhela expresarse. Cuando no encuentra su propia voz, este mundo interior está permanentemente tenso. Como un volcán dormido a la espera del momento adecuado para irrumpir, revelando así un mundo casi olvidado.

Las personas pueden convivir durante mucho tiempo sin ir más allá de las apariencias exteriores. A veces uno mismo no es consciente de su propia identidad y sus deseos. La capacidad de satisfacer las necesidades viene de la más temprana infancia, de la capacidad de los padres de satisfacer sus propias necesidades y de permitir que, a su vez, las necesidades de sus hijos sean expresadas y cumplidas.

Las necesidades sin satisfacer y las heridas acumuladas del niño de antaño *nos impiden crecer* y llegar a ser lo que hubiésemos podido ser. Cualquier vivencia negativa de la infancia que se niega a desaparecer, aunque esté presente solo en el inconsciente, representa una herida.

Las heridas del alma son el resultado de los *sufrimientos psíquicos* de la infancia, surgidos en coyunturas estresantes, rechazos o necesidades sin satisfacer.

Los conflictos entre los padres, alguna enfermedad grave en la familia, la muerte de alguien cercano, la separación de los padres, los abusos físicos y emocionales, la severidad de los padres, el nacimiento de un hermano, los cambios que aparecen en la familia o en la escuela, la insatisfacción de las necesidades primarias, constituyen eventos estresantes en la vida de un niño. Pero no solamente estos factores. También una determinada situación social que afecta directamente al niño puede dejar rastros en su alma. Vestigios que dicen *"no soy capaz de..."*, *"soy tonto"*, *"los demás son mejores que yo"*, etc.

Tantas cicatrices pueden marcar el alma en su interacción con el mundo exterior. Estigmas como *"no merezco existir"*, *"no valgo"* pueden convertirse en impulsos interiores del tipo *"no existas"* y *"no seas tú mismo"*, escondidos impecablemente bajo sutiles comportamientos autodestructivos. A veces estos rastros persiguen al ser humano hasta el fin de sus días. Muy enraizados en el alma del niño, dichas estampas constituirán el motor de las reacciones del adulto.

Las percepciones y creencias del niño interior

Las percepciones y creencias que toman forma en la infancia nos pueden impedir el crecimiento y el desarrollo emocional, psicológico, afectivo. A medida que crecemos, se desarrollan también nuestros bloqueos, ya que no permanecen iguales al estado inicial, sino que con el trascurso del tiempo adquieren nuevas valencias. Y aunque ya no los reconozcamos, debido al cambio, siguen residiendo en la memoria escondida de nuestras vivencias.

Tomemos por ejemplo esa situación en la que los padres están cansados o colmados por los quehaceres existenciales y no le conceden suficiente atención al niño. Él puede entender que no es deseado o que es insignificante en relación con los demás. Como resultado de esta percepción puede llegar a la creencia de que carece de valor y que su presencia no cuenta. Esta percepción y creencia puede trasladarse a su vida de adulto. De esta manera, puede llegar a creer que su amigo no lo llama porque no desea su presencia, porque en sus ojos no vale o porque tiene otros amigos más importantes que él. No hace nada para resolver su necesidad de establecer este contacto, de comunicarse con su amigo y enterarse de la verdadera razón de la ausencia de la llamada. Así vuelve a fortalecer su creencia interior y la percepción del niño se propaga en la vida del adulto.

La formación de percepciones es un proceso complejo que engrana todos los aspectos de la personalidad del niño. Y hablamos del niño porque una vez formado el molde perceptivo, este tiende a propagarse también en la vida del adulto. Las percepciones nacen como resultado de las experiencias personales, del contacto con el medio, de las influencias parentales y sociales. A través de ellas la realidad no se nos descubre tal y como es sino que viene filtrada por la propia manera de pensar, por la subjetividad, por creencias y valores propios. En cierto momento de nuestra evolución entramos en un círculo vicioso en el que la percepción influye en nuestra experiencia de vida que, a su vez, influye en nuestra conducta. Luego el ciclo toma el camino inverso, la conducta fortalece la experiencia y ella, a su vez, la percepción.

Muchas veces se trata de esos momentos cuando uno le dice al otro o hasta a sí mismo: *"¡ya te dije que tenía razón!"*

La manera en que percibimos la realidad pone las bases de nuestro entendimiento de la vida y establece los vínculos con el mundo.

Cuando nuestras percepciones se basan en informaciones incompletas y las emociones del pasado se entremezclan con el presente, el ser humano entra directa y espontáneamente en una realidad angular. Así tendemos a ver la realidad desde un solo ángulo –con anteojera–, limitada a una perspectiva preestablecida ya en la infancia.

De esta manera alguien que está buscando trabajo puede *interpretar* que no presentarse a aquel empleo que ha visto en el periódico por la convicción de que tales puestos se obtienen solo con recomendación y relaciones. Y pierde desde el principio su oportunidad.

Asimismo, una joven puede rehusar una relación debido a la idea de que "todos los hombres son unos desvergonzados". *Generaliza* una situación o las situaciones vividas por las personas de su alrededor y, no intenta llevar su propia vida, encamina ella misma la relación hacia el desenlace en el que cree, solo para validarse a sí misma y sus creencias.

Imagínate en la escuela una reunión de padres, el profesor avisa que todos los alumnos van a recibir un calificación muy baja por la conducta inapropiada con una profesora. Uno de los padres, para asegurarse de que su hijo no va a recibir un castigo por algo que no ha hecho, pregunta: "¿está usted seguro de que mi hijo también ha estado involucrado en eso?". Y el profesor responde un poco pensativo: "debe haber estado…". Por consiguiente, la penalización del niño hubiera surgido como resultado de una generalización (todos los alumnos han participado), sin conocer exactamente los hechos.

De la misma manera podemos *exagerar* o *subestimar* una situación. Es muy fácil exagerar en todo tipo de relaciones, en familia, en el trabajo, en la amistad, etc.

Un padre puede minusvalorar los resultados escolares de su niño diciéndole que "una golondrina no hace verano…" o recordándole que hay otros alumnos mejores que él.

Encontramos a cada paso percepciones erróneas a través de la exageración y siempre oímos sobre ellas que "hacemos una montaña de un grano de arena". Una madre puede llegar a imaginarse las más terribles enormidades y enfermedades, aunque su hijo tenga solo un común resfriado. Pero el recuerdo de una historia con una tía que murió por un simple catarro guía sus pensamientos "sin querer" hacia las más atroces enfermedades.

Muchas personas ven las cosas de maneras extremas, *solo en blanco y negro*, como si no existieran variantes intermedias.

Y muy a menudo ocurre que las acciones de los demás *son tomadas por personales,* aunque dicha persona no esté involucrada. "No vino a la fiesta porque yo también estaba ahí", "me miraba fijamente, estoy segura de que no le gusto", "cuando el jefe anunció la reducción de sueldos no me miró, seguramente no se atrevió porque yo también estoy en su lista".

Todas estas percepciones tienen su raíz en la infancia, en la manera en que los de nuestro alrededor percibían la realidad y *en la manera en que la hemos entendido nosotros mismos con la mente de niño*. Y aunque aparentemente la conexión entre ese niño de antaño y el adulto de hoy haya desaparecido, ella sigue viviendo bien escondida y se disfraza. Y únicamente un análisis cuidadoso podría revelarla.

Estas percepciones distorsionadas de la realidad nos imposibilitan el desarrollo. Y muchas veces nos impiden actuar y generar cambios positivos en nuestras vidas. Nos llevan hacia reacciones inadecuadas e impropias para la situación del momento. Y esto porque por costumbre nuestras reacciones tienen más que ver con el pasado que con el presente. Vivimos en el pasado más de lo que creemos. Y nuestras reacciones están bajo el control del pasado y nuestra propia historia.

Nuestras creencias se construyen partiendo de las percepciones. Las que nos impulsan a escribir la propia historia. Porque el escenario de nuestra vida lo escribimos ya empezando con la infancia, a través de las creencias y convicciones del niño.

Imagínate una vida que parte de percepciones distorsionadas. Es muy fácil llegar a ser pobre si sabes desde la infancia que "el dinero no trae la felicidad", no sentirte cómodo en tu propia piel porque no han dejado de decirte que debes ser como todo el mundo, no poder disfrutar la vida porque de niño sabes que "la vida no significa diversión", no poder expresar tus emociones porque llorar es una señal de debilidad… Y hay tantas creencias según las que guiamos nuestra vida y que accionan en nuestro detrimento. Nos sabotean más allá del tiempo y de las personas que plantaron esas semillas, aparentemente sin establecer alguna conexión entre el adulto de hoy y el niño de antaño.

Puede ocurrir que el adulto sienta que algo lo reprime, que no puede actuar que hay fuerzas imposibles de controlar. Y no es nada simple llegar a concienciar el lazo que hay entre su incapacidad de accionar y el hecho de que los padres, por el deseo de saber que su hijo estaba sano y salvo, no le fomentaron la importancia de asumir riesgos. Se trata solo de una probable explicación. Claro que detrás de la incapacidad de accionar pueden guarecerse varias causas.

Cualquier iniciativa, cualquier acción supone un riesgo. El riesgo de tener éxito o no, de ser aceptado por los demás o no. Resulta mucho más cómodo no asumir ningún riesgo en vez de encarar la decepción de un fracaso. Pero un resultado desfavorable también tiene que ver con la percepción del observador. Puedes centrar tu atención en el fracaso o puedes estar agradecido de que lo has intentado y has aprendido algo nuevo. Y para el próximo paso estarás mejor preparado, porque has aprendido algo de la experiencia anterior.

Las emociones desagradables y los sentimientos negativos

Las emociones, sean ellas agradables o desagradables, son parte de nuestra vida y nuestro psiquismo y tienen un papel fundamental en la sobrevivencia y la adaptación, ayudándonos a centrar nuestra atención en las experiencias vividas. Actúan como un barómetro que pone el enfoque en la situación en la que estamos involucrados, advirtiéndonos al mismo tiempo del significado de dicha experiencia.

De las emociones desagradables pueden surgir vivencias y sentimientos negativos que nos imposibiliten el crecimiento interior y el desarrollo óptimo a nivel social, racional y afectivo. Dichas emociones pueden perjudicar personas y relaciones, restringir oportunidades de crecimiento y bienestar.

Pero antes de hablar sobre ellas hay que hacer una mención. ¿Cuál es la diferencia entre emociones y sentimientos? Ambos son estados afectivos y pueden llegar a ser confundidos fácilmente, ya que se entremezclan y derivan uno del otro. Sin embargo, si la emoción tiene una duración más corta, el sentimiento tiene una estabilidad mucho más duradera en el tiempo. Por ejemplo, el enamoramiento es una emoción, mientras que el amor es un sentimiento. El miedo puede ser tanto emoción, cuando surge en una situación puntual de peligro, como también sentimiento, si experimentamos por ejemplo el miedo permanente de llegar a tener un accidente de coche.

Como ya he mencionado, las vivencias afectivas pueden ser agradables o desagradables. Las agradables, como la alegría y el placer, nos abren la puerta hacia los recursos interiores, para poder acceder a ellos fácilmente y nos apoyan energéticamente en todo lo que emprendemos. Las vivencias desagradables pueden impedir nuestro desarrollo emocional y nos pueden cautivar en estados afectivos del pasado.

Las más significativas emociones desagradables de las que derivan todas las emociones negativas son *la cólera, la aflicción y el miedo*. Tanto juntas como separadas, una vez cronificadas, encadenan al espíritu libre del ser humano e imposibilitan su evolución hacia un estado superior.

Aunque tienen un papel funcional en nuestra vida y nos ayudan a experimentarla, las emociones desagradables cobran valencias negativas si se convierten en un patrón de manifestación.

Las emociones negativas van mano a mano con las necesidades sin satisfacer y las heridas del niño interior, con las creencias hondamente enraizadas. *La cólera* del adulto puede estar directamente relacionada con la frustración que surge de una necesidad fundamental que no ha sido satisfecha. A menudo se trata de una necesidad postergada en la infancia. Porque si en la infancia esta necesidad hubiera sido satisfecha, el adulto de hoy podría satisfacerla fácilmente, sin llegar a la frustración generadora de cólera.

Tomemos por ejemplo la manifestación de la cólera de una persona muy tolerante. La tolerancia es extraordinaria si entiendes su sentido profundo y la exteriorizas teniendo conocimiento de causa. Pero si te dejas invadir permanentemente por los de tu alrededor y descuidas las propias necesidades, llegará un momento en el que dichas necesidades regirán violentamente su derecho a ser satisfechas.

El descuido de las propias necesidades tiene su raíz en la infancia, en esa creencia que has adquirido y que no conciencias plenamente, cuya voz dice que los demás son más importantes, que tu necesidad no vale o que simplemente no mereces nada. Y es solo un ejemplo, las motivaciones que están detrás de las acciones pueden ser distintas. Todo depende de las vivencias de dicha persona.

La tristeza del adulto como estado recurrente se asocia con las heridas del niño interior, de sus deseos y necesidades sin cumplir. Una vez que se convierte en permanente, va a generar vivencias como la incapacidad y la culpabilidad, que afectarán su capacidad de accionar y pensar sin sentir el apremio de seguir los esquemas preestablecidos. Porque el desarrollo del ser humano supone justamente sacar el modo de pensar de las casillas viejas y usarlo como instrumento de comprensión y conocimiento. Mientras el pensamiento sigue una ruta trillada, el ser humano afrontará la vida con anteojeras y no podrá acceder plenamente a la realidad.

El miedo es una emoción necesaria siempre y cuando nos confrontemos con un peligro real.

Aun así, si el miedo supera un límite en su intensidad, puede llegar a paralizarnos, impidiéndonos el rescate ante un peligro amenazador.

En realidad, muchos miedos se relacionan con *peligros potenciales*. Vivimos el presente con el miedo ante lo que pudiera ocurrir en el futuro.

Aunque en realidad el respectivo peligro no existe, lo vivimos como si su existencia fuese un hecho. Si a alguien le ha ocurrido una desgracia es evidente que lo mismo nos va a ocurrir a nosotros. La gente, al compartir situaciones desagradables entre sí o al utilizar los medios de comunicación, ha amplificado el miedo a los peligros potenciales.

La multitud de situaciones que puede inquietar al ser humano se ha vuelto abrumadora. Apenas puede gozar de la vida sin sentirse apremiado permanentemente por ese "¿y si ocurre…?" Un miedo constante ante todo tiende a instalarse en el mundo entero. El miedo a la muerte, a los accidentes, a la pobreza, a perder a una persona querida, a no ser aceptado en sociedad, a pasar vergüenza, a perder ciertas posesiones, a las calamidades, etc. Estas vivencias pueden perturbar y dificultar la existencia de una persona.

Una vida acorralada por un permanente miedo y ansiedad resulta difícil de vivir y cualitativamente es muy escasa. El miedo continuo afecta a las percepciones del ser humano y a su capacidad de encontrar soluciones. Dominado por el miedo, le falta el coraje de actuar, de intentar otros modos de aprovechar la vida.

Al dejarse asustar por un fracaso potencial puede perder oportunidades importantes. Y otros temores pueden imposibilitarle el saborear los aspectos bellos de la vida. El ser humano puede encerrarse en sí mismo, en su mundo, hasta llegar a perder el contacto con la realidad.

Al estar conectadas con situaciones actuales, las emociones desagradables son vivencias naturales y útiles, una forma de expresión de nuestra humanidad. La rabia que experimentamos al ser víctimas de una injusticia nos puede movilizar y determinarnos a actuar para volver a ganar nuestros propios derechos. El miedo a los que no respetan las reglas de tráfico nos puede determinar cruzar la calle con más prudencia y por tanto salvarnos la vida. La aflicción que sentimos al perder un ser querido es natural, una vivencia que nos ayuda a superar la pérdida.

Si estas emociones se convierten en características de nuestra personalidad, puede asumirse que vienen del pasado y se han vuelto crónicas. Las hemos encastrado en nuestra personalidad como mecanismos de defensa, sin embargo, dichas emociones han perdido su remoto papel protector y ahora actúan en nuestro detrimento.

El miedo, la cólera y la tristeza son emociones que pueden amurallar al ser humano en estados que pertenecen a la infancia y que todavía no han sido superados. La cólera de hoy es un reflejo de las iras del niño. El miedo y la tristeza vienen del pasado como un rodillo difícilmente de localizar. Si no hubieran existido en el pasado tampoco existirían ahora. Estas emociones pertenecen a una historia personal bien enterrada y resultan difícil de reconocer por el adulto. Se necesita un análisis cuidadoso y cierto grado de concienciación para llegar a hacer las conexiones oportunas entre el pasado y el presente y lograr una liberación de las anclas que entorpecen el desarrollo.

Piensa en uno de tus miedos actuales e intenta descubrir de dónde viene. Rememora aquellas situaciones de la infancia que podrían estar relacionadas con tu miedo. Aquellas personas que tenían ese miedo y cómo lo manifestaban.

Haz una conexión entre el pasado y el presente y observa qué cambios trae esta concienciación.

La vergüenza y la culpa

Las creencias dañinas adquiridas en la infancia, muchas veces debido a una educación deficitaria, pueden generar sentimientos nocivos que malgastan el interior del ser humano.

La vergüenza, al manifestarse como sentimiento constante, es destructiva. La persona afectada no tiene confianza en sí misma, se siente desvalorizada, inferior y tiene la impresión de que hay algo disparejo en su ser. La vergüenza es un sentimiento negativo que no trae nada bueno, no ayuda en absoluto, solo provoca mucho sufrimiento.

Hubo y todavía hay sociedades y medios que valorizan y apoyan la vergüenza. Donde ser vergonzoso representa una calidad. Y ser atrevido y manifestar tu propia opinión puede ser considerado una falta de disciplina, una insolencia. Y la sociedad tiende hacia el conformismo, hacia el fomento de un comportamiento más bien cohibido que de uno resuelto.

Es verdad, la vergüenza puede tener una valencia positiva, como factor que nos ayuda a integrarnos en un grupo, a reevaluar los comportamientos inapropiados, que afectan las relaciones con los demás.

Una vez sembrada en el alma del niño, la vergüenza tiende a prolongar su existencia también en el alma del adulto. Muchos comportamientos de "sentido común", de aceptación de la intrusión ajena, pueden ser puestos en marcha por el mecanismo de la vergüenza y sus vivencias devastadoras.

Por el miedo a hacer el ridículo, el ser humano puede quedar atrapado en acciones y actividades que lo inmovilizan en su zona de confort. ¿Pero cómo puede uno evolucionar si no tiene el valor de abandonar sus moldes y si no hace nada para cambiar? La vergüenza impide la evolución del ser humano al bloquear su modo de actuar y lo detiene cautivo en su zona de máxima seguridad, donde cada paso es conocido y no le puede aguardar ninguna sorpresa.

La culpa es muy frecuente en la vida de cada uno de nosotros. A veces puede tener valor positivo, cuando nos determina a concienciar las consecuencias negativas de unas acciones y nos determinan a no volver a repetirlas o hasta asumir la responsabilidad.

Sin embargo, muy frecuentemente es una vivencia que trae consecuencias negativas en nuestras vidas. Una vivencia que puede ser o no justificada por nuestras acciones. Una vivencia que nos detiene en el pasado y nos hace perder el presente. Una experiencia interior que muchas veces no es pasajera, sino que tiende a perpetuarse en vivencias constantes, malignas.

La culpa como vivencia permanente es nociva e impide al ser humano crecer y aprovechar sus recursos. Una persona culpable se reprende y se castiga por sí sola. Y mucha gente lo hace inconscientemente. Ahí, en su foro interior, considera que no merece una vida mejor y encamina sus acciones instintivamente hacia el fracaso.

Muchas veces la culpa es inmunizada a través de la educación, sea esta formal o informal, en el medio en que crecemos. Es mucho más fácil mantener a los niños y a los adultos bajo control si los determinamos a sentirse culpables. Su culpa les hace obedientes y crea una relación desigual de poderes. Los que se sienten culpables son más fácil de controlar y manipular en la dirección deseada por el que posee el poder.

A veces los padres hacen que los niños se sientan culpables para que sean más obedientes y, de esta manera, que tengan menos dificultades. Otras veces esperan que el niño mismo reconozca su culpa, como una fianza moral suya y una garantía de que no va a superar el límite social admitido. Este sentimiento puede enturbiar el alma del niño y, más tarde, también del adulto.

Si la culpa no es asumida, aceptada, superada y transformada en un factor evolutivo, va a alterar la vida interior del individuo y llegará a ser una pega en su desarrollo.

Aceptar y asumir nuestros comportamientos erróneos empieza por su concienciación y reconocimiento, tanto ante nosotros, como ante los demás. Es un acto doloroso, pero al mismo tiempo liberador. Y reajusta tanto el equilibrio personal, como las relaciones con los demás.

Aquella culpa que no reconocemos y no asumimos nos roe el interior y socava la personalidad y la alegría de vivir. Al reconocerla delante del otro validamos sus vivencias y le ofrecemos la posibilidad de curarse.

La asunción puede desencadenar una gran liberación de la presión de la culpa y ofrece la posibilidad de transformarla en un acto de concienciación y aceptación del ser humano con todos sus aspectos vulnerables. Cuando Jesús dijo: "Aquel de vosotros que esté libre de pecado, que tire la primera piedra…" les hizo concienciar a aquellos que querían apedrear a la mujer adultera que ellos tampoco eran libres de pecado.

Al asumir y entender los hechos hacemos todas las conexiones necesarias, por qué hemos actuado de tal manera o qué nos ha determinado a elegir cierto camino, etc. Tenemos la posibilidad de no repetir el mismo error. Enriquecidos con esta experiencia podemos desarrollarnos y mejorar, cambiar nuestras futuras conductas y en general los seres humanos que somos.

La victimización

Es una verdadera plaga de la sociedad contemporánea. Muchas personas viven con el sentimiento de que son víctimas del sistema, que no tienen el poder de hacer cambios, que son incapaces, etc. Al nivel de normas sociales observamos todos que dichos preceptos, inicialmente concebidos para protegernos, empezaron a funcionar en nuestro detrimento. El sistema saca beneficios de la creación de seres humanos débiles, a quienes solo él los puede ayudar. A una escala menor, la educación y el medio de la infancia temprana nos empujan a menudo hacia un comportamiento de perseguidor o de víctima.

Un medio que no valora al ser humano en su esencia, sino que exige las mejores calificaciones en la escuela o un comportamiento alineado a las expectativas del otro, un medio hiperprotector o uno en el que el niño no puede expresarse libremente, puede fomentar una conducta de víctima.

La actitud de víctima está mucho más difundida de lo que uno pudiera imaginar. Se expresa a través de la desconfianza en las propias fuerzas, a través de sentimientos de culpa, rechazo, dependencia y aprobación del otro. La victimización se concentra en los aspectos negativos y favorece que ellos ganen fuerza e influyan en la personalidad del individuo. La actitud de víctima se caracteriza mediante la falta de acción y del coraje de tomar riesgos. El ser humano llega a contentarse con migajas cuando podría gozar de una mesa deliciosa.

La actitud de víctima es destructiva. El ser humano ya no tiene el valor de vivir su vida, experimentarla, iniciar acciones que puedan ayudar a expresar y gozar de su potencial. A través de la victimización el ser humano no tiene el valor de tomar la responsabilidad de su propia vida y queda al mando de los demás. Si permites que otras personas decidan tu vida seguramente tomarás una ruta distinta a la de tu desarrollo personal y las frustraciones no dejarán de apiñarse.

Hazte esta pregunta: *¿Si mi vida acabara ahora, de qué me arrepentiría? ¿Hay algo que hubiera querido hacer y no hice?*

La vida nos envuelve en su danza y, al priorizar siempre las cosas que debemos hacer, olvidamos tener en cuenta nuestras necesidades. Detente un momento y mira con atención en lo más profundo de tu alma, ¿qué necesidades has dejado atrás y demandan ahora su derecho a ser cumplidas?

La actitud de víctima nos deja a mano de los demás y no será nada fácil la vida de aquel que permita que el otro decida su suerte. Porque siempre habrá alguien quien se aproveche de sus debilidades para usarlas en su beneficio.

A nivel psicológico esta actitud trae algunos beneficios. Porque el que se muestra débil y dañado recibe a menudo atención y compasión, valores que la víctima necesita a nivel afectivo. A veces la actitud de víctima atrae a otra persona que asume las responsabilidades. ¡Algo que puede resultar muy conveniente!

Pero la actitud de víctima no nos permite gozar de la plenitud de la vida, de extraer de ella el alimento que nos nutre el alma. Cuando solo tienes el papel de espectador en el desfile de la vida resulta fácil culpar y criticar a las personas que en efecto logran vivir su vida. La mayoría de las veces la victimización te encierra en un círculo vicioso. Entras ahí lloriqueando tu suerte, pero usando las mismas actitudes, conductas y esquemas mentales jamás lograrás aprovechar la vida.

Conclusiones al final del capítulo

Qué nos impide crecer:

- *Las necesidades sin satisfacer y las heridas sin curar del niño de antaño.*

Aunque maduro, el psíquico del ser humano puede quedar atrapado en la edad psicológica del niño que antaño, en determinado momento, sufrió daños psíquicos.

- *Las percepciones y creencias que brotan de las del niño de antaño.*

Las percepciones no son innatas. Ellas se forman de la realidad objetiva con la que interaccionamos a través de nuestros sentidos, son interpretadas por nuestro psíquico y transformadas en nuestra realidad subjetiva. El mundo cobra una nueva dimensión, más personal. Pero entre el mundo objetivo y el mundo subjetivo puede haber un enorme abismo, que ni siquiera divisamos.

En todo lo que emprendemos partimos de nuestra realidad subjetiva y vivimos nuestra vida guiándonos por esta imagen propia. Nos demostramos continuamente a nosotros mismos que el mundo y la vida son tal y como los percibimos y de esta manera validamos nuestra propia existencia.

Las emociones y sentimientos negativos

- La cólera, la aflicción y el miedo son los más significativos. Actúan como una barrera en nuestro desarrollo, como un torbellino en el que una vez inmersos, se necesita un esfuerzo inusual para volver a salir a la luz.

- La vergüenza y la culpa – nos disminuyen el valor en nuestros propios ojos y nos atrapan en la falta de acción.

- La victimización – nos hace renunciar a nosotros mismos, a negar la fuerza de la vida que reside en cada uno de nosotros. A complacernos en una zona de confort que no nos conviene, pero de la que consideramos que no podemos salir solos y esperamos que venga alguien a rescatarnos.

3. EL NIÑO Y LAS MOTIVACIONES DEL ADULTO

Gran parte de las cosas que hoy nos atraen son nada más que una réplica de aquello que hemos experimentado durante la infancia.¨

Robin Norwood

Detrás de las variadas formas de manifestación residen *necesidades* humanas *fundamentales*. Necesidades que numéricamente son reducidas en comparación con los innumerables deseos que nos asaltan la mente cada día y con sus modalidades de cumplimiento.

De esta manera una persona puede intentar mejorar su autoestima a través de la posición social que ocupa, del coche que conduce, de las cosas que posee, etc. Otra persona puede recurrir a los actos de caridad. Otra a la exposición de las informaciones que tiene o de su vasto bagaje cultural. La necesidad es la misma, difiere solo la manera de cumplirse. Porque en esencia la gente se asemeja mucho más de lo que se ve desde el exterior. Pero justamente en esto reside la belleza de la naturaleza humana. En su capacidad de autocreación a través de tantas formas de manifestación.

Rutas distintas lleva a la humanidad hacia el cumplimiento de unas metas comunes.

Dejando de lado las necesidades fisiológicas —no es que no sean importantes, pero no son el tema ahora— la mayoría de las necesidades humanas se relacionan con el *lado social*. *Necesidades comunes* demandan a la humanidad que las satisfaga a nivel individual.

Cada persona necesita sentirse a buen recaudo —tanto física como emocionalmente—, necesita pertenecer a un grupo, a una familia, a una colectividad. La pertenencia nos otorga alas y al mismo tiempo funciona como un ancla que nos hace más fuertes ante las dificultades de la vida. Da sentido, estabilidad y valor a nuestras vidas. Cada ser humano necesita amor, autoestima, respeto y reconocimiento, autodesarrollo hasta el nivel más alto que puede tocar.

"Los seres humanos deben ser aquello que pueden ser. Deben permanecer fieles a su propia naturaleza."

Abraham H. Maslow

Mientras no cumpla aquello que individualmente lo caracteriza, el ser humano estará intranquilo y perseguirá hambriento su realización. La satisfacción y la realización vienen de una vez con la valoración de la predisposición natural. Cada ser humano nace con un potencial que, mediante una ley no escrita de la naturaleza, demanda que sea cumplido.

*

Si al nacer nuestras necesidades son preponderantemente fisiológicas, a medida que crecemos empiezan a encauzarse hacia el lado psicológico, emocional-afectivo.

Siendo todavía niños soñamos con crecer y tener el poder de decidir nuestra propia vida. Y nos imaginamos qué maravilloso sería hacer únicamente aquello que quisiéramos. Es el sueño de liberación de una cárcel que no nos permite ser nosotros mismos y donde nuestras necesidades no son satisfechas. Pero una vez somos adultos nos damos cuenta de que hacemos muchas cosas que de hecho *no deseamos hacer* o que no queremos en nuestras vidas. Nos convertimos en los guardias de las cárceles en que estamos aprisionados.

En el trascurso hacia la madurez ni siquiera nos damos cuenta de que hemos tomado prestadas las metas y los deseos de otra persona. Nos apresuramos a cumplir deseos prestados, con la ilusión de que una vez satisfechos, estos nos van a apaciguar las necesidades del alma.

La satisfacción de las necesidades libera al niño interior, esa parte única de nosotros con recursos transformadores. Su cumplimiento permite al individuo evolucionar, poner en marcha su fuerza creadora y manifestarse de una manera singular. Es realmente increíble qué fuerza puede desencadenar una necesidad cumplida.

Mientras una persona hace miles de esfuerzos y gasta mucha energía en la obtención de autoestima, otra persona con una propia estima elevada va a actuar en un nivel superior de conciencia e intentará una realización creativa de su potencial. La fuerza creadora que reside en cada uno de nosotros cobra un vigor increíble si las necesidades del alma se ven nutridas. El terreno se vuelve fértil para la realización del ser humano y la manifestación de su capacidad creadora.

La falta de satisfacción de las necesidades fundamentales está relacionada con la infancia. Si en aquel entonces no fueron cumplidas, es muy probable que tampoco sepamos cómo satisfacerlas una vez convertidos en adultos. La transferencia de las necesidades sin cumplir del niño al ser maduro pasa casi inadvertida. Las arrastramos con nosotros, a menudo inconscientemente, y a pesar de todos los esfuerzos de satisfacerlas, no logramos rellenar "el cubo de fondo agujereado". Pero lo que debemos hacer no es llenar continuamente el cubo, sino descubrir de dónde vienen los agujeros y cómo taparlos.

Los niños son muy buenos receptores de la realidad porque la ven tal y como es y no como los demás quieren que la vean. Instintivamente saben qué es bueno o malo y a través de su intuición no alterada deducen la realidad de manera espontánea.

Si las percepciones y los sentimientos del niño son rechazados o ignorados, en vez de ser validados y aceptados, este llegará a estar confuso, colmado de dudas y desconfiará de sus propias percepciones. Al final incluso puede negarse a sí mismo a través de sus acciones.

Tomemos el ejemplo de un padre que le pide al niño que recite un poema cada vez que están de visita. Llega un momento en el que el niño se rebela y no quiere volver a recitarlo. Pregunta a su padre por qué le pide tal cosa. El padre, a su vez, le responde que es por su bien, que la gente lo va a valorar por aquello que sabe. Pero el niño intuye que algo que no le hace sentir bien no puede ser a su favor. Y aparece el dilema: ¿será que mi mamá/papá me miente? Entonces debe elegir entre dos creencias interiores, o bien su tutor lo miente, o bien él mismo está equivocado y aquello que siente es erróneo.

En la mayoría de las veces el niño elegirá creer que hay algo raro en él o vivirá una confusión que le dejará marcas en su personalidad. Cierto es que ambas elecciones le afectarán la autoestima y pueden conllevar sentimientos de vergüenza, culpa, ira, etc.

Cada persona tiene su propia verdad. Sin embargo, cuando somos niños las verdades de los demás tienden a imponerse. Las otras verdades nos confunden y nos debilitan el ser y el poder de manifestar nuestra individualidad.

Todas estas vivencias pueden extenderse en la vida del adulto, pero su germen estará tan bien enterrado, que todos los esfuerzos del ser humano de sentirse bien y cómodo consigo mismo fracasarán permanentemente.

La educación de los niños persigue solo la conformación al sistema e ignora la realidad interior del niño, sus vivencias y sus inclinaciones y daña su personalidad en vías de formación.

Siendo niños necesitamos amor, protección, aceptación y respeto.

Necesitamos manifestar en el exterior nuestro ser puro, auténtico. La aceptación de todo aquello que somos en el interior, la aceptación de nuestras percepciones y sentimientos nos valida el derecho de existir y fortalece la autoestima. Para ello se necesita una observación atenta, consciente, que pueda mirarnos el interior, más allá de las conductas socialmente aceptadas. El respeto por lo que realmente somos nos ofrece la posibilidad de llevar una vida bella y realizada, así como el derecho a la felicidad.

Las necesidades del niño y sus creencias son la base de la motivación del futuro adulto. Las motivaciones nos dan impulsos para actuar. Sin ellas sería casi imposible sobrevivir y evolucionar.

El complejo mecanismo de las manifestaciones humanas tiene como punto de partida nuestras necesidades. Lazos invisibles nos atan al niño de antaño, al que llevamos dentro. Este niño no ha desaparecido junto a la madurez y el físico que ha sufrido cambios. Él sigue existiendo, encastrado en nuestro ser, como fuente de nuestras vivencias y emociones.

La felicidad del adulto depende de su capacidad de entender las vivencias y necesidades del niño de antaño y de hacer cambios a través de decisiones maduras.

La mente del niño crea un escenario destinado a ayudarlo a enfrentarse a las situaciones con las que se confronta. El futuro adulto, al intentar encarar las dificultades de la vida, está atrapado en las percepciones de la mente del niño. Ese escenario creado en la infancia será repetido recurrentemente también en su vida de adulto.

Tendemos a crear situaciones similares a las de la infancia a pesar de que las del pasado no nos hayan gustado. Porque resulta mucho más fácil afrontar unas dificultades conocidas que encarar unas nuevas. Al conocer el problema sabemos qué esperar. Nos volvemos esclavos de un escenario fabricado por la mente del niño interior. Sujetos a nuestras percepciones predefinidas dejamos de ser capaces de crearnos la vida, en cambio *la rodamos* siguiendo una matriz ya conocida.

Cuando el adulto se encuentra bajo presión, la solución más fácil será recurrir a los mecanismos de defensa de la infancia. Porque la presión saca a la superficie el conflicto entre quién realmente eres y tus necesidades y el papel asumido a través de la educación.

Cuanto más cerca de tu auténtico ser y tus necesidades esté ese papel, menor resultará el conflicto interior.

Conclusiones al final del capítulo

- *Necesidades comunes* de la humanidad rigen que sean cumplidas en cada uno de nosotros a nivel individual.
- Las necesidades humanas fundamentales son numéricamente más reducidas en comparación con la multitud de deseos del ser humano y sus modalidades de satisfacción.
- Las necesidades sin satisfacer del niño se trasladan de manera inadvertida en la vida del adulto, influyendo en sus vivencias y en su comportamiento.
- Las necesidades y creencias del niño son la base de la motivación del futuro adulto.
- Usando la mente y las percepciones del niño de antaño el ser humano se ha creado en la infancia un escenario de vida al que recurrirá también como adulto. Va a materializar las situaciones que confirman su escenario y que le permiten aplicar los mecanismos de defensa conocidos.

4. CÓMO AYUDAR AL NIÑO INTERIOR A CRECER

"Ningún problema puede ser resuelto al mismo nivel de conciencia que ha sido creado. "

Albert Einstein

Cada persona lleva dentro al niño interior de antaño. Y no solo sus recuerdos, sino también *el escenario de vida* figurado inconscientemente con la mente y las percepciones del niño. Un escenario al que sigue sin realmente concientizar, de la misma manera que un caballo regresa a su casa siempre usando la misma ruta. Todos llevamos dentro los *mecanismos de defensa* asumidos por el niño de antaño al enfrentarnos a las situaciones y vivencias de la infancia. Mecanismos a los que recurrimos inconscientemente y que hoy día pueden socavar al adulto. Estos automatismos de la infancia, cuya meta ha sido la defensa de la integridad psíquica, con el paso del tiempo pueden volverse en nuestro detrimento. Cada ser humano lleva dentro *las emociones, vivencias y heridas* del niño, así como también su *matriz de reaccionar* en distintas circunstancias, que pueden ser reavivadas en cada instante.

El tiempo mental y perceptivo de la infancia nos encarcela emocionalmente. Buscamos la libertad fuera de nosotros sin darnos cuenta de que ella se encuentra justamente en nuestro interior. Que la verdadera cárcel nos la hemos creado nosotros mismos con la mente del niño de antaño. Sin embargo, dicha cárcel nos ofrece el confort y la seguridad de una realidad conocida y previsible.

Hay un precio que pagamos por nuestras debilidades. Y más tarde o temprano soportamos las consecuencias de los miedos que todavía no han sido solucionados, de nuestras incapacidades y de la falta de confianza en nosotros mismos. El hecho de que esperemos que el otro intervenga ahí donde nos concierne a nosotros intervenir no queda sin consecuencias. Al final tenemos que aguantar los resultados de la pereza de pensar, de la falta de acción y de la dejadez.

Y el precio es el sufrimiento. Un sufrimiento a menudo escondido, que puede prolongarse a lo largo de toda la vida si no reconsideramos lo que sabemos y no ordenamos las cosas de otra manera.

Un sufrimiento del que nos podemos servir en nuestro beneficio o, todo lo contrario, al que dejamos convertirse en el leitmotiv de nuestra vida. Bien puede ser una palanca en nuestro desarrollo y cumplimiento del potencial latente, bien puede ser la escena donde representamos el papel asumido por el niño.

El aspecto físico del adulto puede desorientar porque no implica que el interior sea también maduro. Bajo el semblante del adulto anidan las vivencias, los miedos y las emociones del niño. La maduración física no conlleva obligatoriamente la maduración psicológica.

Está claro que la maduración psicológica se da a lo largo de toda la vida. Siempre habrá aspectos por descubrir en nosotros mismos. Pero el tema de este capítulo es *¿cómo podemos crecer? ¿Cómo podemos desembarazarnos de* *aquellos aspectos y comportamientos que nos perjudican y nos aprisionan en un continuo sufrimiento? ¿Cómo podemos abandonar el pasado* sin renegarlo o ignorarlo, *cómo podemos usarlo para la valoración de nuestro potencial, para transformarnos en la mejor versión de aquello que podríamos llegar a ser?*

El niño interior jamás desaparecerá. Y tampoco es deseable que desaparezca. Porque él representa la vida misma y la alegría de ser. Y su desarrollo no implica su desaparición. Necesitamos sus recursos y su energía. Nos es imprescindible esa parte que representa la esencia de nuestro ser, pura, intacta, fuente de la energía creadora.

Ayudar al niño interior a crecer significa curar sus heridas y adaptar sus mecanismos de defensa a las situaciones actuales. Renunciar a la recreación de aquellas situaciones que, aunque dolorosas, ofrecen el confort de lo familiar y previsible. Su crecimiento significa alejar las barreras, los bloqueos y las anclas que nos aprisionan en la sombra de aquello que podríamos ser. Significa asumir la vida, renunciar al propio saboteo y reaccionar adecuadamente al presente.

Si las llegado hasta este libro probablemente estás buscando unas soluciones que te ayuden a dejar de lado el sufrimiento para poder gozar cada momento de tu vida. Sé que quieres una solución simple del tipo haz esto y aquello y obtendrás el resultado deseado y esperado. Pero vivir la vida significa asumir sus riesgos.

Cuando se trata de tu transformación y curación no esperes que el resultado sea como el de una píldora mágica. Porque como ya sabes, la píldora no cura, no elimina la causa, sino que solamente mejora un síntoma. Curar significa ir directamente a la causa. Encararla, mirarla a los ojos y hablar con ella. Entenderla y aceptarla.

No te transformas de un día al otro en otra persona y tu sufrimiento tampoco desaparecerá inmediatamente. Se trata de un entero proceso de transformación y curación, donde te espera el reencuentro contigo mismo, libre de la carga de los sufrimientos, pero con todos los canales abiertos para la materialización de tu potencial.

Para generar este proceso no debes dejar de lado tus actividades. Hay que integrarlo en tu vida. Todo lo que haces representa una oportunidad de ejercer tus niveles de comprensión y concienciación.

Pero una cosa es cierta: cada paso que haces en dirección al cambio y al desarrollo deseado será una fuente de felicidad y bienestar, aunque inicialmente habrá también sufrimiento. Sufrirás porque llegará la hora de entender que el personaje principal eres tú y se trata de la historia de tu vida. Y aún más difícil será darte cuenta de que tú mismo has dejado la puerta abierta al sufrimiento. Y entonces la vergüenza y la culpa dejarán de lucir sus colmillos.

Habrá momentos en el que las penas de las que te quieres librar te agarrarán y te arrastrarán hacia atrás como una mano invisible. No te asustes, es también una parte del proceso de curación. Acéptalo y sigue caminando hacia adelante.

Cuando era niña mi abuela solía decir: *El asno ha crecido y la albarda le ha quedado pequeña*. Con referencia a la ropa que nos quedaba pequeña mientras nuestro cuerpo no dejaba de crecer. Estas palabras resonaron en mi mente durante mucho tiempo. Y me hicieron pensar que mientras nosotros crecemos y maduramos la carga mental debería empequeñecer. Pero en realidad ocurre al revés. A medida que pasa el tiempo, si seguimos sin hacer nada, la carga se dilata y nos ahoga, imposibilitando la realización de nuestro potencial. ¡Es la hora de que entiendas que todo depende de ti y tú tienes el poder de reducir la carga que llevas!

Tal vez sentirás la tentación de afirmar: *¡fácil de decir, difícil de hacer!* Pero la realidad es que nadie puede hacer lo que te concierne a ti. Por más ayudas que recibas, tu vida te pertenece y ¡solo tú la puedes cambiar!

Primer paso: Concienciación y asunción de las necesidades

Pasamos por la vida programados por la mente del niño de antaño. Actuamos como unas máquinas cuyo programa ha sido escrito por nosotros mismos en la infancia. Y lo seguimos sin observar que los protagonistas y el contexto han cambiado. Los conflictos interiores, la manera en que rumiamos los pensamientos, nuestras reacciones son las mismas. Aunque nuestra programación haya sido influenciada por factores externos, bajo la influencia del medio en el que crecimos y de los modelos adultos que nos han rodeado, es nuestra mente la que ha creado la realidad en la que vivimos. La mente ha procesado todo con la capacidad específica de la edad del niño, quien ha proyectado el escenario de nuestra vida. Es ella la que ha intentado protegernos de todo aquello que nos hería.

Por eso entender cómo funciona la mente del ser humano es entender al ser humano mismo. Y necesitamos dicha comprensión para poder crecer, para superar nuestras debilidades y ser capaces de nutrir los aspectos bellos y creadores.

La mayoría de las veces las reacciones de la gente están relacionadas con el pasado. Los individuos no ven el presente tal y como es, sino que lo identifican con el pasado. La matriz mental iguala al presente con el pasado, aunque difieren. E inconscientemente sobrepone la situación actual con la de la infancia. Porque sus ojos solo ven la realidad de la infancia y de esta manera las vivencias y reacciones a las que recurre son las adquiridas en aquel entonces.

Robin Norwood nos muestra que entonces cuando nuestras experiencias de la infancia han sido muy dolorosas, estamos a menudo forzados inconscientemente a recrear situaciones similares a lo largo de la vida, empujados por el impulso de poder controlarlas.

Por ejemplo, se da muy frecuentemente la situación en la que las personas eligen a sus parejas con la meta de poder recrear los sentimientos y las dificultades con las que se han enfrentado en la infancia. Y lo hacen porque sienten la necesidad de controlar, porque ¿qué puede ser más fácil de controlar si no aquello que ya conoces? Y también para satisfacer las necesidades emocionales pendientes de la infancia.

Hay muchas personas que viven en un estado de confusión, sin comprender cuáles son sus necesidades. Otras creen que las conocen, pero no se dan cuenta de que debajo de sus deseos e impulsos anidan necesidades emocionales mucho más profundas.

La educación social nos ha alejado de nosotros mismos, de nuestros deseos. Nuestra atención se ha centrado totalmente en las necesidades del otro y en la conformación con las reglas. Desconocer las propias necesidades significa implícitamente no satisfacerlas. ¿Pero cómo podríamos ser felices, aprovechar nuestros recursos o ayudar a los demás si no somos capaces de satisfacer nuestras propias necesidades?

Nuestras necesidades emocionales abarcan mucho más que la necesidad de amor y afecto, que somos capaces de reconocer en cierta medida. Hay también un *hambre de reconocimiento (Eric Berne)*, de validación del ser humano, de confirmación del hecho de que existimos y que valemos. La satisfacción de dicha necesidad en la infancia es imperiosa porque fija las bases de nuestra integridad física y psíquica. La necesidad de reconocimiento, como también las demás necesidades, jamás podrá ser sosegada porque continuará reaparecer a lo largo de nuestra existencia.

Y la manera de alimentarla una vez adultos está vinculada a su modo de satisfacción de la infancia. De su realización depende la futura claridad o confusión de nuestra mente.

Cuando somos niños son las reacciones de los de nuestro alrededor las que nos validan la existencia. Son las que nos permiten ser así como sentimos en nuestro interior. Cuando los padres rechazan o ignoran lo que sentimos, nuestras percepciones y nuestra autoconfianza se vuelven inválidas. A veces lo hacen movidos por las mejores intenciones, como por ejemplo el intento de embellecer la imagen de la realidad, justamente por el deseo de que el niño no sufra.

Otras veces lo hacen simplemente por ignorancia, por desconocer el impacto que tales acciones pueden tener en el niño. O también es posible que los padres no puedan ofrecerle más, que no estén suficientemente, o incluso nada, listos para adoptar el papel de tutor.

Necesitamos estímulos para realizar nuestro potencial y reacciones nuevas para confirmarnos que valemos la pena. Cada gesto, palabra, actitud, mirada son importantes para nosotros y las personas cercanas. Y cuando somos niños resultan vitales. Porque bajo su influencia nos formamos. Pero la falta de conductas y reacciones propias puede tener efectos aún más dañinos que los comportamientos negativos de los que nos rodean. La ignorancia de las vivencias del niño puede generar enormes daños a nivel psíquico. Aquí reside la llave del "cubo de fondo agujereado". Ya maduros, aunque recibamos reconocimiento en todos los planos, este no dejará de escurrirse y el ser humano se sentirá incompleto. Porque su reconocimiento será prácticamente inexistente. A contrario de todo aquello que ocurre en el exterior, si no se enfrenta a la realidad, revivirá continuamente la experiencia interior de la infancia.

Ser consciente significa vivir en el presente. *Aquí y ahora*. Significa ver el presente tal y como es y no como uno quisiera que fuera. Significa tener una reacción propia para el presente y no una prestada del pasado. Una *reacción actual*, plegada al interlocutor real y no a una percepción propia.

Nuestra vida fluiría de manera diferente si fuésemos capaces de ver el presente tal y como es, si no reaccionáramos a las percepciones del pasado, a nuestros miedos pendientes, a los esquemas mentales preestablecidos. Nuestra vida sería mucho más fluuida, menos detenida y más armoniosa.

Necesitamos vivir de manera consciente. Estar presentes con todo nuestro ser y participar en la realidad del momento. Es importante estar conectados a las necesidades. De la misma manera que alimentamos nuestro cuerpo deberíamos aprender a nutrir también las necesidades emocionales.

Pero antes de nada hay que aprender a reconocerlas. Abandonar las capas falsas que envuelven nuestro ser, todo aquello que los demás quisieron que fuéramos o lo que nosotros mismos creímos que deberíamos ser para agradecer a los otros.

¿Cómo nos volvemos conscientes? ¿Cómo nos damos cuenta de cuáles son nuestras necesidades reales?

Ante todo en silencio. En tu silencio hay muchas respuestas. El parloteo intenta disimular los vacíos de tu ser. Calla y observa. Obsérvate a ti mismo y a las personas de tu alrededor. ¿Qué ves? ¿Qué sientes? Si has identificado un sentimiento negativo no intentes alejarlo. Acéptalo tal y como es. Averigua de dónde viene. ¿Cuándo lo experimentaste por primera vez? ¿O cuál crees tú que es su raíz? ¿Qué significa para ti? Acostúmbrate a callar en la misma medida en la que hablas. Acostúmbrate a observar: gente, cosas, estados de ánimo, reacciones exteriores e interiores. Deja que las impresiones se acomoden dentro de ti. No las juzgues porque no es eso lo que necesitas. Es mucho más útil conocerlas, entenderlas y aceptarlas. A veces se necesita una ayuda extra, especializada, que nos saque la verdad a la superficie. Pero la meta es tan grandiosa, la de recobrar tu libertad interior, de librarte de las matrices mentales que te impiden gozar la vida, así que hay que hacer todo lo posible para realizarla. Aquí y ahora se trata de tu vida.

Séneca decía que no hay viento favorable para aquel que no sabe hacia qué puerto se dirige.

El primer paso que debes dar es *clarificar tu meta, tu intención.* Si sabes lo que quieres obtener y fijas tu meta, brotarán también los medios para realizarla. Pero debes aprender a tener paciencia. Algunas metas son de largo alcance. Porque necesitan mucho tiempo y acciones constantes, perseverantes.

Si quieres llegar a ser más consciente de todo aquello que experimentas, antes de nada tienes que planteártelo. Luego *fijar las acciones que te ayuden a alcanzar tu meta.* ¡Calla! ¡Escucha! ¡Observa! ¡No juzgues, intenta entender! ¡Mira más allá de todas tus percepciones conocidas!

Despójate de ellas y mira ¿qué te trae una percepción nueva y fresca?

Resulta esencial *que te hagas tú mismo preguntas* y que encuentres tus propias respuestas. Intenta discernir más allá de tu visión general, de tus percepciones preestablecidas, de tus respuestas prestadas de tus predecesores o de los de tu alrededor.

Cuando tenía unos 20 años me di cuenta de que algunas vivencias negativas eran descomedidas en relación con los eventos ocurridos. Y tendía a rumiar continua e inútilmente dichas situaciones. Una atracción de la vivencia que no se orientaba hacia su resolución.

Y me hice una rutina: cada vez que me colmaba un sentimiento muy fuerte, inapropiado para el momento, que me absorbía casi plenamente, en la noche cuando me iba a la cama me tomaba tiempo para entender el origen de dicha vivencia, más allá de las apariencias. ¿Qué es lo que exactamente temía, si es que algo temía? ¿Qué me daba vergüenza?

Así aprendí a conocerme. A identificar lo que hay detrás de los sentimientos. Reconocer la verdad que anida detrás de nuestras vivencias no es nada fácil. Se necesita mucho coraje. Porque una confrontación contigo mismo puede dar miedo. Pero es el único punto de partida hacia nuestro crecimiento. Tras identificar ciertos aspectos propios, hay que dar paso a la aceptación. Porque ellos nos representan y forman parte de nuestra realidad. Y si sabemos a ciencia cierta quiénes somos y qué queremos llegar a ser, las cosas toman su propio camino, el de nuestra edificación.

Si aprendemos a conocernos tal y como somos realmente y a aceptarnos nos resultará muy fácil hacerlo también con los demás. El que no se conoce a sí mismo tampoco podrá conocer al otro o a su medio circundante. En cambio, vivirá en una esfera ilusoria que, al final, no le traerá más que decepciones.

No hay nada reprobable en las necesidades humanas. Porque las necesidades fundamentales no contienen nada negativo. Cada ser humano necesita ser amado, valorado, confirmado, aprovechar su potencial, etc. La educación conformista lo ha alejado de sus necesidades, le ha dicho que no es correcto expresarlas. Y el ser humano ha aprendido a esconderlas hasta olvidarse de sí mismo. Así aparecieron otras necesidades, más superficiales, consumistas, pero que no son más que una fachada de las verdaderas necesidades.

Tanto sufrimiento y amargura disminuirían si el ser humano aprendiera a reconocer, expresar y satisfacer sus necesidades. Muchas de las dependencias, las agresiones y los sentimientos que desvaloran al ser humano no existirían.

Mientras no abandonemos la danza en la que entramos, su ritmo alerto y alienado y nuestros temores, no vamos a poder divisar claramente lo que hay en lo más profundo de nuestro ser, cuáles son nuestras necesidades reales. Porque solo después de conocerlas y aceptarlas seremos capaces de satisfacerlas.

Mientras ignoremos la realidad de nuestros sufrimientos y dolores callados nutriremos al adulto de una manera superficial y el niño interior pasará un duro hambre. Solo con nutrir las necesidades del niño daremos paso al adulto real y él podrá desarrollarse y tomar el camino de su devenir.

Ignorar las propias necesidades jamás nos convertirá en seres generosos. Porque a menudo el ser humano llega a estar frustrado, ser infeliz y deja la puerta abierta al odio y a la envidia.

Además, puede aparecer un fuerte deseo de mantener el control, así como también la necesidad, igual de fuerte e intensa, de recibir reconocimientos de los propios méritos por parte de los demás. A veces detrás de la ayuda que ofreces al otro puede esconderse la necesidad psicológica de ser valorado. Así la subconsciencia vincula inherentemente el ayudar y el ser valorado. En la superficie puede parecer un acto caritativo, pero en realidad es solo un intento de satisfacer la necesidad de ser valorado y de fortalecer la propia estima.

Satisfacer las propias necesidades en relación con el otro es un aspecto muy importante y no quiero que haya malentendidos. Porque si no apoyáramos a los demás cuando nos necesitan y nos piden ayuda significaría simplemente dejar de ser humanos. Careceríamos de humanitarismo. Y el altruismo es una cualidad que nos ennoblece.

Pero si en el exterior no se observan siempre las diferencias entre estos tipos de ayuda, en el interior puede haber dramáticas diferencias psicológicas. Solo una persona que conoce sus propias necesidades las puede sacrificar verdaderamente a favor de la satisfacción de las necesidades del otro. Y esto resalta todavía más cuando los seres humanos intentan ayudar a los demás en contra de sus deseos o necesidades.

Ellos ofrecen una ayuda entendida por su propia interpretación y no una ayuda que se pliega realmente a las necesidades del otro. Si alguna vez has recibido una ayuda que más bien te ha irritado en vez de hacerte sentir bien y apoyado, exactamente de esto estoy hablando. La meta de dicha ayuda ha sido la de satisfacer las necesidades del que te la ha ofrecido y no las tuyas.

Entender, asumir y satisfacer nuestras necesidades es el punto de partida en la edificación del ser humano. ¿Cómo podemos entender las necesidades del otro si no somos capaces de reconocer nuestras propias necesidades? Si las ignoramos y no las satisfacemos, ¿de dónde recibir la fuerza de dar al otro? La alegría, la compasión y la comprensión del otro, la verdadera generosidad, brotan justamente de la satisfacción de las propias necesidades.

Segundo paso: Asunción de la responsabilidad de la propia vida

¨El ser humano tiene dos creadores: Dios y él mismo. ¨

William George Jordan

Independientemente de la historia que cada uno acarrea, nuestra vida nos pertenece y representa el fruto de las elecciones que hacemos. Resulta atrayente encontrar explicaciones y culpables para todas nuestras insatisfacciones. Justificarlas a través del origen menos afortunado, de la educación recibida o de los sufrimientos que nos marcaron.

De esta manera resulta fácil echar la culpa a otros o a las influencias que nos llevaron hacia cierta dirección. ¿Pero quién ha tomado dicha dirección? Nadie nos arrastró en esa dirección, *nosotros mismos dimos los pasos hacia tal rumbo*. Nosotros tomamos la decisión a un nivel más o menos consciente.

La vida nos empuja en varias direcciones, pero solo nosotros elegimos el rumbo. Iniciamos acciones y cumplimos elecciones. Podemos culparnos infinitamente unos a los otros. Nosotros a los padres, a los tutores, a la sociedad y ellos a su vez a sus predecesores.

Es necesario ofrecer atención al pasado e indagarlo para poder entender y concientizar qué nos ha determinado a llegar a ser quienes somos actualmente. Sin embargo, la resolución viene de la atención que te ofreces a ti mismo, a la persona que vive en el presente. A los propios aspectos que te disgustan y que solamente tú puedes cambiar. No los padres, los tutores, los amigos o la pareja. ¡Tú y solamente tú!

Cada uno de nosotros lleva consigo la responsabilidad de su propia vida. Cada uno tiene la vida que ha elegido, muy a menudo de manera inconsciente. Nadie puede poner orden en nuestra vida y hacer las cosas en nuestro lugar. Nosotros, en nuestro íntimo foro, somos quienes tomamos las decisiones, y más o menos conscientemente las ponemos en práctica.

Podemos recibir ayuda o apoyo, pero nadie nos puede reemplazar haciendo aquello que nos incumbe.

Aunque vivamos con la impresión de que somos responsables de nuestra vida, porque no hay nadie que pague nuestras facturas o trabaje en nuestro lugar, seguimos viviendo echando la culpa a los otros por nuestras infelicidades e insatisfacciones. Ni siquiera importa a quién culpamos. A la madre, al padre, a la educación, al contexto, al estado, etc.

Solo al asumir la responsabilidad de la propia vida y todo aquello que nos acontece alcanzamos la madurez. Porque la madurez no se mide en años, sino en las experiencias vividas, asumidas y discernidas.

Al dejar las responsabilidades propias en manos de otra persona cada situación o conducta regresará a nuestro detrimento. Porque cada momento de debilidad requiere su tributo. Resulta fácil vivir en la sombra de otra persona, dejar tu vida en sus manos y luego culparla por todos tus fallos.

La condición de víctima es la más cómoda entre las condiciones. Y el único modo de asumirla es no hacer nada y esperar todo de los demás. Que otra persona haga *lo que tú mismo deberías hacer*. Que te dé aquello que tú deberías tomar de la vida. Pero esta condición lleva a la omisión del sí, está abarrotada de frustraciones, irritaciones y penas.

Libérate de la condición de víctima. Si realmente eres víctima de algo, es solo de tus propios pensamientos y temores. Tú mismo has construido la cárcel emocional que te enclaustra, has cultivado el jardín de tus incapacidades. Da un paso más allá de su perímetro y verás que nadie te detendrá si realmente estás decidido. Elige tú mismo quién eres y qué quieres hacer.

Contempla la vida como si te encontraras en el punto cero. Contempla tu pasado y discierne las experiencias vividas. Contémplalo como a una fuente de sabiduría. Y toma cualquier éxito o fracaso por peldaños necesarios en el desarrollo de tu propio devenir. Mira tu futuro y asume que cada elección y acción tuyas lo están construyendo. Así que piensa muy bien cómo quisieras que fuera. ¡Para que sepas qué elecciones hacer!

La maduración es un proceso individual. Indistintamente del punto de tu propia evolución, la responsabilidad de tu crecimiento te pertenece. Paso a paso vas hacia el camino de tu devenir y es una ruta donde los de tu alrededor pueden ser tus camaradas, pero nunca el jugador principal. ¡En tu vida tú eres el actor principal, el héroe, el salvador y nadie puede reemplazarte!

¿Qué significa asumir la responsabilidad de tu propia vida?

Significa entender que la vida que llevas es *la consecuencia de tus previas elecciones*. Que si quieres que tu vida sea distinta solo tú la puedes cambiar. Que actúes conscientemente y que conozcas las consecuencias de tus acciones, que no dejarán de materializarse en tu vida.

Asumir significa relacionar directamente la vida que llevas con tus acciones. Significa aceptar que tu vida, tal y como es ahora, es el resultado de tu actitud, tu manera de pensar, tus deseos y tus acciones.

Significa entender que la vida *te ofrece varias opciones* y que *la elección te pertenece.*

Solo debes concientizarlo. Presta atención a las cosas que quieres en tu vida. Y decide tú mismo qué te puede acercar a ellas. No dejes que los demás decidan por ti. Cada uno toma las decisiones de su propia vida. No tomes las verdades ajenas por propias porque cada ser humano tiene su propia verdad. Si las verdades de la naturaleza son inmutables, las humanas son mudables. Tu deber es descubrir cuál es tu verdad. ¡Aprecia tú mismo tus decisiones, tu vida y no copies a los otros! Haz tus propias elecciones. Encuentra tu autonomía en todo lo que haces. No te dejes influir por aquello que todos hacen de manera igual. Si todo el mundo es infeliz, ¿por qué tú también deberías elegir la infelicidad?

Pensar debe ser un atributo de cada ser humano. No hay que dejarlo en manos de ciertas categorías profesionales como filósofos, psicólogos, etc. Al hacer esto no tenemos ningún derecho de quejarnos de que otros decidan el destino por nosotros.

Asumir tu responsabilidad significa *reconocer tus vulnerabilidades, tus debilidades y tus límites*. Todos estamos en un proceso de crecimiento y aprendizaje que dura toda la vida. Un proceso a lo largo del que inevitablemente nos herimos y nos volvemos vulnerables. Pero las mismas heridas pueden ser el soporte de nuestra evolución. Solo hay que aceptarlas, entenderlas y usarlas a nuestro favor. Para llegar a ser dueños de nuestras propias vidas. El que niega sus debilidades tampoco tiene la oportunidad de superarlas. Y por más que las esconda, más lo subyugarán, con una fuerza todavía mayor.

Asumir la responsabilidad significa *actuar*. Hacer las elecciones que te llevan más cerca de tus metas, de tus sueños, de tu vida tal y como la deseas. Significa no esperar que los demás construyan tu vida, así como la quisieras tener, sino crearla tú mismo a través de tus creencias y acciones.

Asumir la responsabilidad significa asimismo *organizarte y disciplinarte* con el fin de encarnar la vida que quieres. Nadie recibe la felicidad en una bandeja. ¡Recuerda! La condición de creador no es una condición estática, sino dinámica. De los famosos 7 días Dios trabajó seis.

Claro que cada acción supone un riesgo. El riesgo de no lograr realizar las cosas tal y como quieres. Si ya has arriesgado y no todo salió como lo habías esperado, aprende algo de dicha experiencia. Porque ella no hace más que acercarte a tu meta. O alejarte si es una meta poco realista. Si has cometido errores significa que ahora has aprendido que no debes repetirlos. Pero presta atención. Porque aquí la tentación de culpar a otra persona es muy grande. Si no sacamos ninguna conclusión en lo que nos concierne como seres humanos y cómo hubiéramos podido hacer las cosas de manera distinta significa que en realidad no aprendimos la lección.

La experiencia es el proceso más transformador del ser humano. Es el único factor que puede acelerar nuestro desarrollo.

Asumir el riesgo significa aceptar que nuestras acciones también pueden fracasar. Pero nada nos ofrece más entendimiento acerca de una situación que nuestra propia experiencia. Acepta el fracaso como un peldaño hacia el éxito. Porque en esencia realmente de eso se trata. ¿Crees que el alfarero ha aprendido a moldear el vaso perfecto sin antes romper decenas?

¿Cuántos fracasos han tenido que sufrir las personas más famosas? ¿Deportistas, escritores, pintores, políticos, científicos? La diferencia entre ellos y el resto del mundo es que ellos no se dieron por vencidos y continuaron su camino.

Asumir el riesgo significa aceptar que también puedes cometer errores. Que hay ciertas cosas que puedes aprender solo por experiencia. Y justamente por esto valen más. Esto no significa que hay que cometer errores a ciencia cierta. Y tampoco que debamos asumir riesgos que nos pueden costar la vida entera. Si nos arrojamos demasiado lejos de aquello que conocemos el fracaso nos puede desequilibrar. Nos puede afectar tan gravemente que luego difícilmente podremos volver a recuperarnos.

Pero la mayoría de nuestras acciones no son vitales. Son acciones que implican determinada actitud para con la vida. La actitud de un ser humano que no espera nada de los otros, sino que trabaja en sí mismo y en la creación de su propia vida.

Tercer paso: Aceptación y asunción del cambio

Queramos o no, el cambio se da por todas partes a nuestro alrededor. El cambio es un aspecto inevitable de la vida. Porque la vida en sí es dinámica, no estática. Todo se encuentra en un permanente cambio, incluso nosotros mismos. Por más que quisiéramos conservar las cosas tal y como son en determinado momento, no las podemos detener.

Vivimos en un era tecnologizada. La información que aparece en cierto rincón del mundo influye en cada uno de nosotros y tiene consecuencias hasta en el agricultor que trabaja tranquilamente su tierra.

La tecnología actúa a nuestro favor, pero al mismo tiempo también en nuestro detrimento. El teléfono ha llegado a reemplazar al ordenador, podemos anotar nuestras ideas en cualquier momento y lugar y podemos estar en contacto con toda la gente casi permanentemente. Al mismo tiempo nuestros hijos sufren por falta de atención y los jóvenes y adultos del *síndrome del pensamiento acelerado* (SPA)[1] y un papel fundamental en todo ello lo tienen todos los medios tecnológicos con los que interaccionan.

El cambio se da de todos modos y es parte del mundo material, pero nosotros, los seres humanos, a través de la tecnologización, hemos logrado acelerarlo. El ritmo en el que vivimos es mucho más veloz que el ritmo natural. La cantidad de información que nuestros hijos están forzados a almacenar es demasiado grande y además inútil en la práctica de la vida cotidiana. Nos hemos facilitado y al mismo tiempo complicado la vida.

No obstante, no quiero hablaros de este cambio, sino del cambio que se da en nosotros

---

[1] SPA (inglés ATS – *Accelerated Thinking Syndrome*) fenómeno descrito por el psiquiatra y psicoterapeuta Augusto Cury – aparece como consecuencia del exceso de estímulos y genera la necesidad de nuevos estímulos con la tentativa de clamar. Se manifiesta por una velocidad acelerada de los pensamientos, agitación, cansancio excesivo, sueño insuficiente, sufrimiento a través de anticipación, olvido, déficit de concentración, aversión a la rutina y, a veces, síntomas psicosomáticos, como dolores de cabeza, dolores musculares, taquicardia, gastritis.

mismos. Por una parte, los cambios exteriores nos imponen a seguir sus pasos.

Es nuestra elección qué cambios exteriores aceptamos o no. Cuáles son los que podemos ignorar y de cuáles podemos prescindir a favor de llevar la vida que deseamos.

Pero por otra parte hay un cambio que viene de nuestro interior. Hay una tendencia natural del ser humano de devenir aquello que puede llegar a ser y eso significa desarrollo, o sea cambio. Existe también una tendencia natural de cumplimiento de nuestras necesidades. La falta de satisfacción de dichas necesidades demanda que cambien determinados aspectos, que pueden llevar a su cumplimiento.

Una necesidad que ha quedado sin satisfacer puede ser aguantable hoy, pero intolerable en 20, 30 o 40 años.

Tenemos en nuestra mente el ideal del viejo sabio y ameno y sin embargo hay tantas personas mayores tan lejos de esta imagen. La frustración, la irritación y el nerviosismo han derrocado a la calma y la sabiduría potencial. Pero la omisión de las necesidades del alma no queda ignorada. Las personas que han entrado en la danza de hacer las cosas *"como las hay que hacer"* sin entender también el porqué, sin discernir si el juego y el ritmo se le ajustan, pueden llegar a un desierto anímico.

Cuando hay tensión en nuestro interior es necesario detenernos e indagar. Investigar nuestro propio ser e identificar la necesidad. Y es obvio que su satisfacción no será posible sin nuestro cambio interior. El que observa su necesidad es diferente del que no la ve, aunque se trate de la misma persona.

La satisfacción de nuestras necesidades, la valoración de nuestro potencial, necesitan profundos cambios interiores. La asunción de dichos cambios y la concientización de la dirección que queremos tomar resultan inminentes para nuestro devenir.

Cómo aplicamos el cambio

Todos tenemos aspectos que quisiéramos cambiar. A algunos ya los conocemos, otros necesitan un proceso de conocimiento interior, de observación e interrogación. Estos aspectos impiden nuestra libre manifestación, nos hacen sufrir y nos dañan a nosotros mismos y nuestras relaciones. Quisiéramos cambiarlos, pero no sabemos cómo.

Nos resignamos delante de ellos y preferimos decir: *así soy yo, no hay nada que hacer* o *así he nacido…* o simplemente *no puedo, no hay nada que hacer*. La falta de acción, la resignación son las variantes más simples y cómodas. No hacer nada es fácil. Al alcance de todo el mundo. Pero esta actitud nos roe por dentro. Su efecto nos carcome y nos deja sin energía, nos hace sentirnos deprimidos, faltos de valor, de esperanza, de perspectiva.

Encarar el propio defecto puede resultar aterrador. Esto porque nos equiparamos siempre al *ser perfecto que creemos que deberíamos ser*.

Nos criticamos a nosotros mismos y a los demás por los fallos que tenemos. Como si el bien pudiera existir sin el mal. Como si pudiéramos gozar la luz si no existiera la oscuridad. ¿Podríamos seguir valorando un determinado color si todo nuestro universo fuera solo de ese color?

La energía de la vida brota de fuerzas contrarias. Si en la naturaleza dichas fuerzas siguen un ciclo ordenado y disciplinado, en el ser humano dan una lucha en la que tienden a tragarse una a la otra. Sin embargo, el reinado de ninguna nos puede asegurar una buena vida interior, sino solamente su equilibrio. Por eso hay que aceptarnos con todos nuestros desperfectos porque sin ellos no podríamos crecer, no podríamos aspirar a una mejor versión nuestra.

¿Pero cómo aplicamos el cambio? ¿Cómo cambiamos la timidez a la espontaneidad, el miedo al coraje, la vergüenza a la osadía, la ira a la calma, la falta de confianza en sí mismo en confianza, etc.?

El primer paso es concienciar aquello que *queremos* cambiar. El segundo es fijar claramente en nuestra mente que *sí queremos cambiar* ese particular aspecto. El tercero consiste en saber *adónde* vamos y con qué lo cambiamos. ¿Qué queremos ser? ¿Cómo queremos ser? Podemos hasta rodar mentalmente la película de la persona que queremos llegar a ser. Nos ayudará al aplicar concretamente el plan del cambio. Y ahora el cuarto paso, de una importancia crucial, es *concentrarnos en el aspecto que deseamos* para nuestra persona y no en el que ya existe en nosotros.

Si nos fijamos en el ya existente y no en el aspecto por venir, no hacemos más que alimentar al primero y darle más fuerza. Su concientización basta. No necesita más atención.

Nuestra atención debe caer en cómo queremos ser y empezar a actuar en esta dirección. Si soy tímido haré un plan de interacciones sociales. Solo la acción concreta puede hacer desaparecer este aspecto. A medida que uno se relaciona con la gente hace que su osadía y espontaneidad se desarrollen y que la timidez disminuya.

La aparición y el desarrollo del aspecto deseado hacen que el aspecto menos oportuno disminuya o incluso desaparezca. Cuanto más adelantas en un camino, tanto más te alejas de las demás rutas.

El cambio de la perspectiva

La percepción representa nuestro marco de referencia. Es la lente a través de la que observamos e interpretamos todo, la gente, la vida, las situaciones, a nosotros mismos. Nuestras vivencias, juicios y sensaciones se basan en ella. Es al mismo tiempo la fuente de nuestras alegrías y penas. Hasta podemos vivir la misma experiencia de manera distinta, en función de nuestra percepción. Una falta de éxito, percibida como fracaso o una incapacidad de hacer algo puede ser una fuente de sufrimiento. Pero la misma falta de éxito puede ser una fuente de sabiduría si uno la toma por lección y un paso adelante hacia la meta deseada.

Nuestras percepciones, también fuente de nuestras penas, no representan la verdad absoluta. La manera en la que interpretamos lo que vemos y vivimos es aquello que nos provoca sufrimiento. Al seguir inmutables en nuestras percepciones entramos en un círculo vicioso del que podemos escapar solo a través de una concientización más profunda. Nuestra interpretación influye en nuestra experiencia. La manera en que vemos las cosas nos determinará adoptar una conducta u otra, lo que a su vez nos puede propiciar experiencias distintas. La experiencia y la conducta juntas van a fortalecer la percepción de la que hemos partido.

Por ejemplo, si uno pensará de sí mismo que carece de suerte, adoptaría el comportamiento del vencido. Y con una actitud de rendido la probabilidad de ganar es casi inexistente. Por consiguiente, las experiencias que atraerá estarán desde el inicio destinadas al fracaso. Si buscara un empleo, después de algunos intentos se daría por vencido. Y todo ello no haría más que fortalecer su percepción y creencia de sí mismo de que carece de suerte.

Nuestra interpretación acerca de las situaciones, personas, relaciones es la que provoca sufrimiento. La mayoría de las veces permanecemos cautivos en el espectro de percepciones preestablecidas en la infancia. Nuestra maduración supone la ampliación de este marco de referencia, el cambio de la perspectiva en la que vemos aquello que nos circunda.

Una mirada más amplia nos puede ofrecer más discernimiento, más conocimiento de la situación percibida. Y el conocimiento brotado de varias perspectivas nos puede liberar de la presión de las interpretaciones subjetivas, que nos presionan a actuar de determinada manera. El cambio de perspectiva supone flexibilidad, el relacionamiento con el aquí y el ahora, la rotura de las cadenas del pasado y de las percepciones firmes.

Al experimentar un conflicto o una incomodidad en relación con una situación o persona, el cambio de perspectiva y su ampliación a través de la observación de ángulos distintos nos puede traer información adicional. Información que nos ayudará a superar y clarificar la situación. Y el resultado puede ser completamente distinto.

Cuarto paso: Adquisición de la autonomía

La libertad de ser uno mismo no es un regalo. Es el premio más valioso que nos espera al final de un largo proceso de conocimiento de uno mismo. Es el resultado de una fuerte conciencia, de la asunción de la vida y del coraje de vivirla.

Al nacer dependemos de los demás. Una dependencia física, emocional, material. La única libertad que tenemos es la de elegir aquello que nos influye. De elegir lo que devenimos. Sin embargo, no somos conscientes de ello. Somos una pizarra vacía en la que empezamos a escribir bajo la influencia de las personas que nos rodean. Como seres sociales dependemos del sistema social y de las relaciones que enlazamos con los otros.

Estamos en un matorral de dependencias en el que rastreamos desesperadamente la libertad, así como también el sentido de la vida.

Buscamos la libertad en el bienestar material, en la adquisición del poder sobre los otros, en la desobediencia de las reglas, etc. A veces podemos dar con ella en todos los aspectos arriba mencionados. Pero la verdadera libertad está en nuestras vivencias y en nuestra capacidad de manifestarnos a nosotros mismos, de materializar nuestro potencial.

Desde que nacemos paulatinamente empezamos a apropiarnos aspectos de los padres, de las personas que influyen en nosotros, del medio en que crecemos. Adquirimos maneras de pensar, de actuar y hasta de sentir. A través de la imitación aprendemos a vivir y a manifestarnos. Pero no únicamente a través de eso, sino también mediante propias percepciones acerca de las expresiones, actitudes y conductas de los que nos rodean.

Con la mente y las percepciones del niño reparamos en cierta manera el medio circundante. Tenemos reacciones de adaptación y de sobrevivencia para saber cómo encarar distintos retos. Y tendemos a guardar dicho discernimiento y las percepciones a lo largo de la vida. Si fueron o no adecuadas en dicho momento ya no es importante porque en aquel entonces nos ayudaron a encarar la vida.

Adquirimos reglas sin las que sería imposible vivir en una sociedad sin soportar las graves consecuencias de nuestra falta de adaptación.

Es un proceso natural de crecimiento y adaptación en la sociedad, sin la que la humanidad no existiría.

Todo este proceso de adaptación y apropiación de distintas maneras de pensar, sentir y actuar se fundamenta en decisiones que cada uno de nosotros ha tomado en su temprana infancia. Algunas de ellas incluso antes de articular las primeras palabras. Porque ya antes de empezar a hablar adquirimos un sentimiento sobre nosotros mismos, una actitud interior para con la propia persona, resultado de la interpretación de gestos, expresiones y prohibiciones de los demás. Es una percepción nuestra conectada a los otros. Una percepción que tiende a ser errónea, dado que un niño no dispone de todos los instrumentos necesarios para una correcta evaluación de la realidad. A base de estas percepciones se forman las creencias y se toman las decisiones tempranas en cuya base vamos a edificar nuestra vida de adulto.

Durante mucho tiempo las decisiones tomadas en la infancia, a menudo a un nivel inconsciente, nos ayudaron a enfrentarnos con las distintas situaciones con las que nos ha confrontado la vida. No han sido siempre la solución óptima, pero sí la salida que hemos tenido a mano. Sin embargo, el adulto necesita redefinir estas decisiones, a base de la actualización de la realidad vivida, de las informaciones adquiridas y de la manera de pensar basada en nuevas conexiones.

La verdadera libertad es una expresión de la maduración. Si al nacer la libertad constaba de todas las rutas abiertas para poder cumplir con nuestro potencial, la libertad del adulto significa la manifestación de dicho potencial con el que venimos al mundo.

La maduración va mano a mano con la adquisición de la autonomía. Con nuestra realización como seres humanos que piensan y asumen su potencial. Con la anulación del círculo de dependencias y con la manifestación de la capacidad creadora, así como la de gozar la alegría de la propia existencia. Con el reconocimiento y la aceptación de la propia vulnerabilidad.

La autonomía significa la alegría de vivir el presente sin que la mente permanezca anclada en el paso o en el futuro, la alegría de expresarse a sí mismo naturalmente, sin buscar subterfugios que te hagan famoso. Significa expresar tu unicidad, vivencias y emociones sin miedo.

La autonomía es el resultado de un proceso de asunción. Un proceso en el que ya no esperas recibir de los demás aquello que necesitas, sino que tú eres el que trabaja en primera fila para la satisfacción de tus necesidades.

Nadie puede hacer por nosotros aquello que nosotros mismos debemos hacer. Podemos recibir ayuda y apoyo, pero hay que huir de la responsabilidad de la propia vida.

La maduración no significa olvidar al niño interior. Porque es él quien acarrea tus necesidades fundamentales: la creatividad, la curiosidad, la espontaneidad, la alegría de los primeros hallazgos. La maduración significa redefinir las percepciones del niño interior, que tienden a abismar al adulto y a reducirlo a las vivencias del niño de antaño.

La maduración tiene que ver con la más grandiosa realización del ser humano, la de conquistarse a sí mismo.

Conclusiones al final del capítulo

Cómo ayudar al niño interior a crecer:

- A través de la comprensión, asunción y nutrición de las propias necesidades.
- A través de la asunción de la responsabilidad de la propia vida.
- A través de la asunción del hecho de que tu vida es el resultado de las elecciones que has hecho hasta ahora.
- A través de la concienciación de las opciones que tienes en la vida y de las elecciones que haces.
- A través de la concienciación del hecho de que para obtener la vida que quieres es necesario actuar para materializarla.
- A través de organización y disciplina. Ninguna meta puede ser alcanzada por casualidad.
- A través del reconocimiento y aceptación de las propias vulnerabilidades, debilidades y límites.
- A través de la asunción del cambio de los propios aspectos que ya no queremos.

- A través de la utilización del mecanismo de desarrollo de un aspecto positivo para reducir otro negativo.
- A través de la adquisición de la autonomía y la manifestación de la libertad de ser individual, de la rotura de dependencias y del anclaje en el presente.

Sobre la autora

Gabriela Ciucurovschi nació el día 13 de abril del año 1966 en Rumanía.

Sus preocupaciones se encauzan tanto en dirección a la psicología del niño y de la familia, como en la del entendimiento de los mecanismos e impulsos que animan al ser humano.

Licenciada en psicología en el año 1997, en la Universidad de Bucarest, con un estudio comparativo entre las personalidades maduras e inmaduras desde el punto de vista psicológico y social.

Con estudios en Psicología, en Administración de Recursos Humanos, Análisis Transaccional y Asesoría para el desarrollo personal, la autora se dedica especialmente a la comprensión y la curación del ser humano a través de métodos complementarios y alternativos.

7 Pasos para educar hijos felices es su libro más conocido internacionalmente.

9 786060 718444